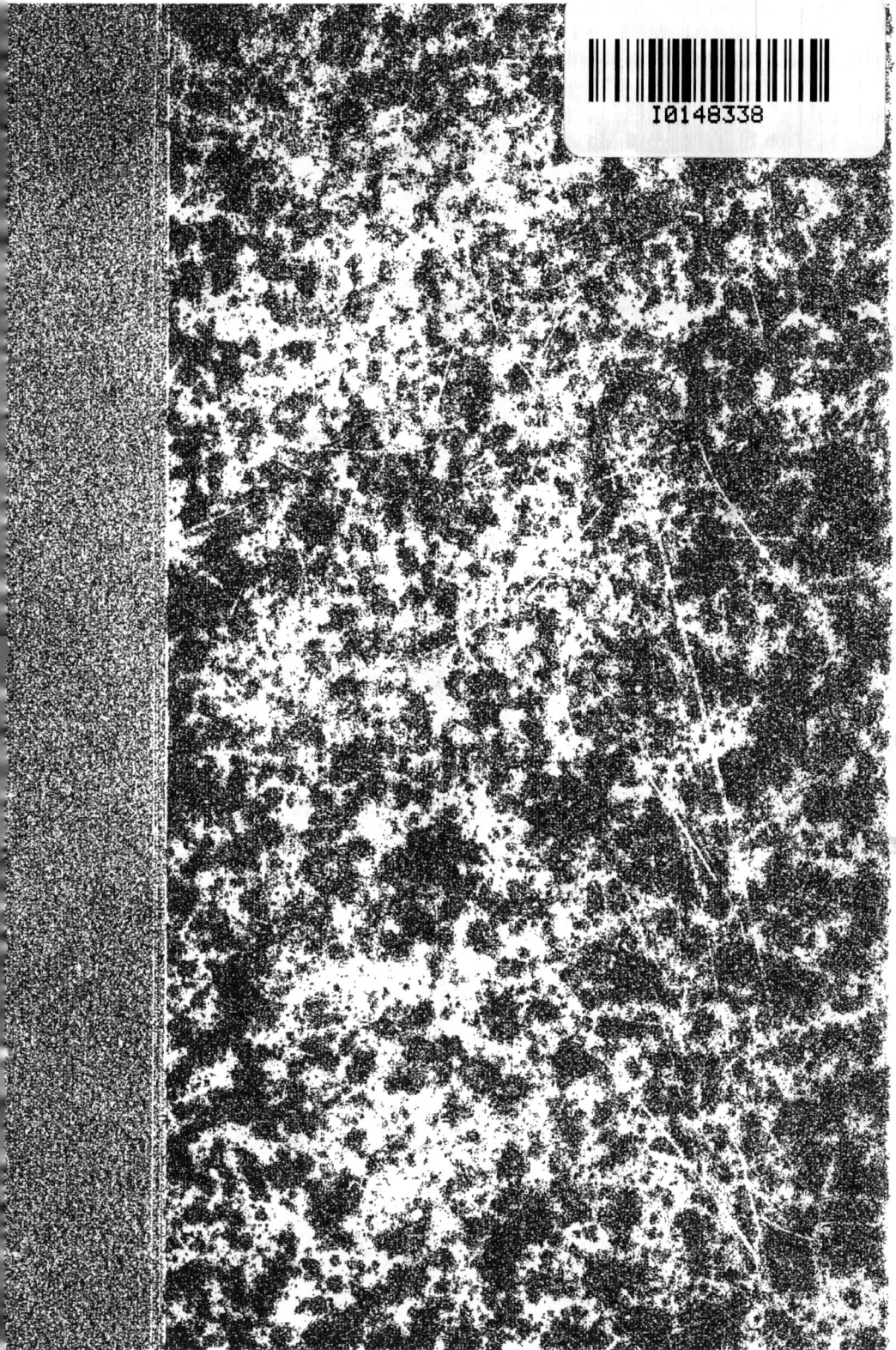

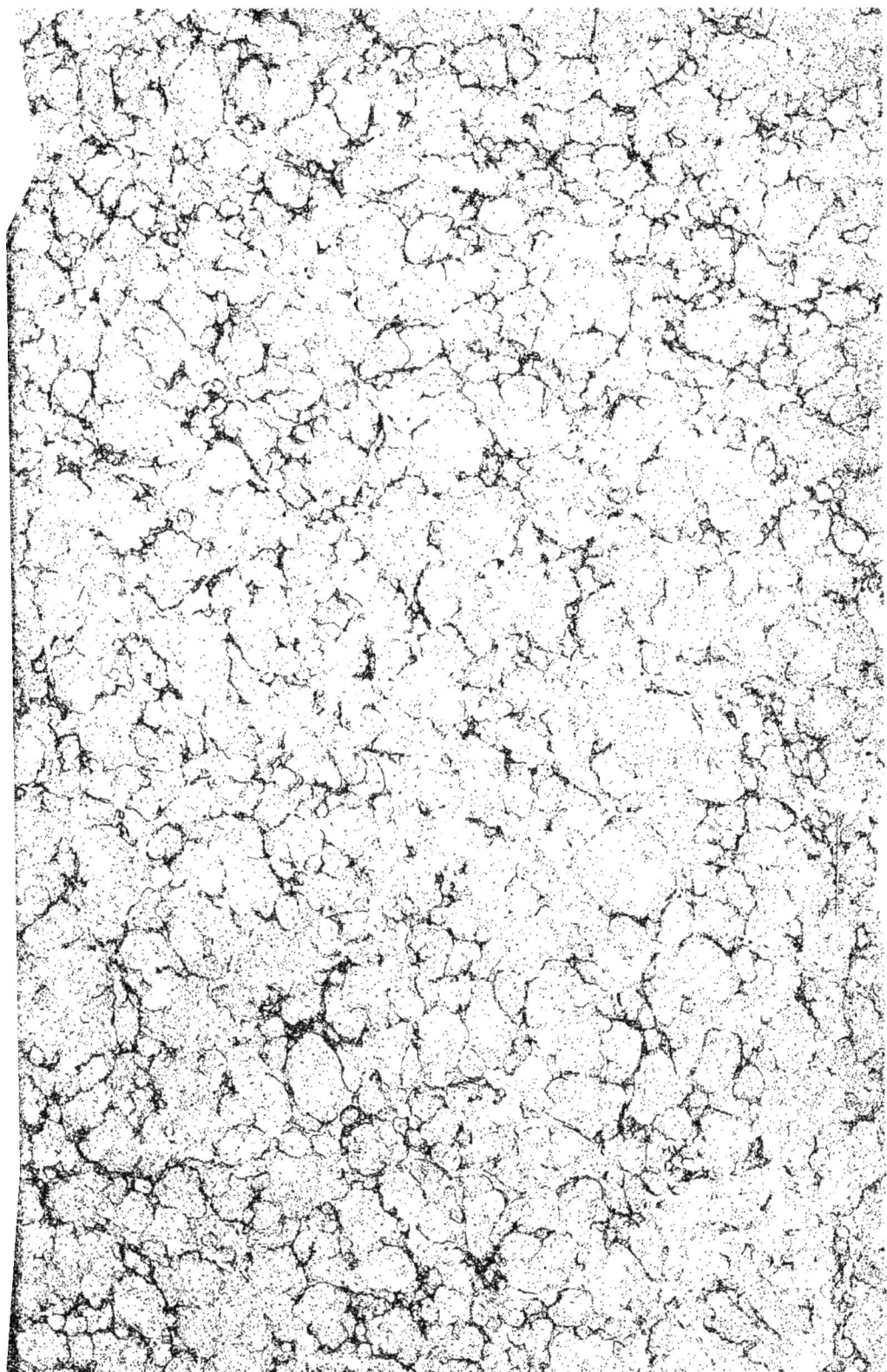

L'ARMÉE

DES

DES PYRÉNÉES OCCIDENTALES

1603

PAU, IMPRIMERIE VERONESE, RUE PRÉFECTURE, 11

L'ARMÉE

DES

PYRÉNÉES OCCIDENTALES

ÉCLAIRCISSEMENTS HISTORIQUES

SUR

LES CAMPAGNES DE 1793, 1794, 1795

PAR E. DUCÉRÉ

BAYONNE

E. HOURQUET, LIBRAIRE

RUE PORT-NEUF, 5

1881

Extrait du Bulletin de la Société des Sciences, Lettres et Arts de Pau,
2ᶜ série, tome x.

L'ARMÉE

DES

PYRÉNÉES OCCIDENTALES.

ÉCLAIRCISSEMENTS HISTORIQUES

SUR

les campagnes de 1793, 1794, 1795.

INTRODUCTION.

Il n'entre point dans notre plan de faire l'histoire des évènements politiques qui se sont succédés dans cette région pendant la période révolutionnaire. Ce travail qui exigera sans doute d'immenses recherches, sera l'œuvre d'une plume plus autorisée que la nôtre; nous voulons simplement consacrer ces pages à quelques éclaircissements historiques sur l'armée la plus ignorée de cette grande époque de combats. Quoique le manque d'ouvrages didactiques sur l'histoire de cette armée nous ait imposé une tâche assez difficile, nous avons néanmoins réussi à recueillir une quantité assez considérable de documents, les uns inédits, les autres peu connus.

On ne connait guère, en fait d'ouvrages traitant spécialement l'histoire de l'armée des Pyrénées Occidentales, que deux mémoires; le premier qui a pour titre : *Histoire de la guerre entre la France et l'Espagne par Louis Marcillac* (1), est l'œuvre d'un officier émigré ayant appartenu à la légion de Saint-Simon ; cet ouvrage soit qu'il ait été tiré à petit nombre, soit qu'une partie de l'édition ait été détruite, se trouve être aujourd'hui de la plus grande rareté.

Le second intitulé : *Mémoires sur la dernière guerre par le*

(1) Histoire de la guerre entre la France et l'Espagne, pendant les années de la Révolution Française 1793, 1794 et partie de 1795, par Louis de Marcillac, à Paris. chez Maginel, 1808, pet. in-8°, br. 346 pp. — Cet ouvrage renferme aussi l'histoire de la guerre des Pyrénées Orientales.

citoyen B... (1) est l'œuvre d'un nommé Beaulac, qui fut médecin dans cette armée ; ce mémoire n'est plus dans le commerce et est assez rare.

Nous devons indiquer encore comme les principales sources auxquelles nous avons puisé un grand nombre de documents : Les archives de Bayonne, la collection du *Moniteur Officiel*, et enfin deux précieux registres, contenant la correspondance du général Laroche, major-général de l'armée des Pyrénées Occidentales, et dont nous devons la communication à l'extrême obligeance de M. Bergeron, juge de paix à Soustons (2). Nous devons aussi mentionner la Bibliographie de la période révolutionnaire dans le département des Basses-Pyrénées, par M. Soulice qui nous a donné d'excellents renseignements (3).

Ces différents ouvrages et bien d'autres que nous citerons plus tard, se complétant assez bien les uns par les autres, nous ont permis, si toutefois nous ne nous abusons, de relever quelques erreurs commises par ces auteurs et de combler, en attendant le dépouillement des archives de la guerre, la lacune qui existait dans l'histoire militaire de ce département.

Nous nous sommes tenu dans le cadre exact des opérations auxquelles nous avons essayé d'apporter le plus de clarté possible. Nous avons seulement voulu décrire les opérations militaires d'une armée qui dût en quelque sorte se créer elle-même ; trouver des ressources dans les pays qu'elle envahissait ; conquêtes trop oubliées parmi les grands événements de cette époque héroïque, et qui du moins montrèrent à la France dont les regards et les vœux étaient portés sur ses armées du Nord, que la discipline et le patriotisme surent triompher de tous les obstacles et firent flotter haut le drapeau national.

(1) Mémoire sur la dernière guerre entre la France et l'Espagne, dans les Pyrénées Occidentales, par le citoyen B... avec une carte militaire de la frontière de France et d'Espagne, où sont tracés les camps retranchés et batteries des Français et des Espagnols, à Paris chez Treuttel et Wurtz, libraires, quai Voltaire, n° 2, an X, p. in-8°, 234 pp.

(2) Deux registres, petit in-8°.

(3) Essai d'une bibliographie du département des Basses-Pyrénées, période révolutionnaire 1789-1800, par M. L. Soulice, bibliothécaire de la ville de Pau, Pau, Aug. Lafon, et Paris, J.-B. Dumoulin, 1874, in-8°, 115 pages.

PREMIÈRE PARTIE

CAMPAGNE DE 1793.

CHAPITRE I.

Organisation des armées. — Forces militaires de la France et de l'Espagne. — Rupture entre les deux pays. — Mouvement de troupes en Espagne. — Arrivée des représentants du peuple à Bayonne. — Préparatifs d'armement. — Effervescence en Espagne. — Manifeste du roi. — Coup d'œil sur le théâtre de la guerre, les Pyrénées, les vallées, etc.

Avant de consacrer quelques lignes à une légère esquisse sur les faits politiques, qui devaient donner lieu à une rupture entre les deux pays, nous allons jeter un coup d'œil rapide sur les forces militaires de la France et de l'Espagne, mais sans entrer dans aucun de ces détails d'organisation, qui nous entraîneraient hors de notre cadre et qui du reste ont été traités par des auteurs très compétents.

En 1792, la France comptait 105 régiments de ligne chacun à deux bataillons, plus les deux cents nouveaux bataillons de volontaires qui venaient d'être créés par un décret de l'Assemblée Constituante. Les milices provinciales qui avaient été dissoutes par la même assemblée, devaient fournir le meilleur contingent pour les bataillons de volontaires ; l'infanterie comptait en outre quatorze bataillons de chasseurs. L'artillerie, qui était le corps qui avait le moins souffert de l'émigration, possédait 7 régiments aussi à deux bataillons, et le 16 avril 1792 on avait décrété la formation de 9 batteries à cheval en usage en Prusse depuis la guerre de sept ans. Enfin la cavalerie offrait le chiffre imposant de 59 régiments qui se subdivisaient en 24 régiments de grosse cavalerie, 18 régiments de dragons, 12 de chasseurs à cheval et 5 de hussards.

L'Espagne de son côté paraissait avoir des forces très respectables. Elles se divisaient en 44 régiments d'infanterie à deux bataillons, sans toutefois compter les gardes Espagnoles et les gardes Wallonnes se montant à 4,200 hommes formés en 6 bataillons; sur ces quarante-quatre régiments il y en avait seulement trente-cinq de nationaux ; les neuf autres se divisaient de la manière suivante :

Deux Italiens, trois Flamands et quatre Suisses. En 1792 on augmenta cette infanterie de deux nouveaux régiments : les volontaires de Tarragone et de Girone ; le nombre total de ces corps fut ensuite porté pendant la guerre de 44 à 58 régiments.

En même temps le gouvernement Espagnol donna à ces troupes une nouvelle formation et leur adjoignit un troisième bataillon qui fut appelé bataillon de garnison, tandis que les deux premiers reçurent le titre de bataillons de campagne. Ces deux premiers bataillons durent avoir six compagnies dont une de grenadiers et une de chasseurs chacune de 77 hommes (1). Le bataillon qui devait, durant cette guerre, être chez les deux belligérants l'unité tactique, aurait dû avoir 700 hommes sur le pied de paix et 800 sur le pied de guerre. D'après plusieurs auteurs Espagnols, au commencement des hostilités les régiments réunissaient tout au plus de mille à onze cents combattants. (2)

D'après ces nouvelles formations de corps, l'armée espagnole devait avoir au moment de la mobilisation un effectif de 130,000 hommes environ d'infanterie, y compris toutefois 30,000 hommes de milices provinciales qui, sur le papier du moins, prouvaient une organisation admirablement entendue ; mais il fallut bien rabattre de ces chiffres, et une fois que la cour d'Espagne eut pourvu à la sûreté et à la garde de Madrid, des villes, des côtes et de l'intérieur, il lui fut impossible de disposer de plus de 60 à 80,000 hommes, chiffres encore fort respectables, s'il n'eut fallu, pour y atteindre, compter les milices provinciales et vingt-mille paysans qu'on incorpora dans les régiments de ligne. On doit compter aussi 12 régiments d'infanterie de ligne légère à un bataillon ; les 42 régiments de milices provinciales étaient tous à un seul bataillon de huit compagnies, dont une des grenadiers et une de chasseurs.

La cavalerie beaucoup mieux organisée que celle de l'armée française, qui venait d'être si éprouvée par l'émigration, comptait 24 régiments à 5 escadrons se divisant ainsi : une brigade de cuirassiers (coraceros), 10 régiments de cavalerie de ligne et 12

(1) Chaque compagnie avait 1 capitaine, 2 lieutenants et 1 sous-lieutenant.
(2) Tableau de l'Espagne moderne, par J. Fr. Burgoing, 3 vol. 1807.

de cavalerie légère, hussards et chasseurs bien instruits et surtout bien montés.

Les armes spéciales se composaient de 2 bataillons de génie, sapeurs et mineurs, et de 1 régiment d'artillerie à 5 bataillons ; depuis quelque temps on venait d'adjoindre à ce corps quelques batteries à cheval, cette formation était plutôt un rajeunissement (1) qu'une innovation. Ces quelques batteries contribuèrent puissamment aux succès de l'armée de Catalogne.

Voilà à peu près l'organisation militaire des deux nations prêtes à en venir aux mains ; quoique la faiblesse de l'Espagne fut notoire, il devait encore s'écouler plus d'une année avant que les armées françaises se fussent renforcées suffisamment pour prendre à leur tour l'offensive et franchir la Bidassoa.

Charles III était mort en 1788 laissant le trône à son fils Charles IV. Celui-ci, gouverné par sa femme Marie Louise de Parme et quoique lié aux Bourbons de France par le célèbre pacte de famille, hésitait entre une rupture avec la république et les liens de parenté qui l'unissaient à Louis XVI. Le comte de Florida-Blanca, alors premier ministre, voulut intervenir après Varennes et ne réussit qu'à indisposer la France qui ressentait encore avec amertume la cession de la Louisiane à son ancienne alliée. Florida-Blanca fut pourtant remplacé par Aranda, qui, porté pour la paix, permit aux puissances de croire un moment à une bonne intelligence, lorsque la révolution du 10 août vint opérer à Madrid un changement de ministère. Aranda fut remplacé par Godoï, alors duc d'Alcudia ; il apporta à ses nouvelles fonctions l'esprit d'intrigue qui ne l'abandonna jamais et dirigeait la Reine dont l'influence sur le faible Charles IV était toute puissante ; il décida celui-ci à refuser de reconnaître la République Française. Suivant les ordres du nouveau ministre, Ocaritz, chargé d'affaires d'Espagne en France, fit le 26 décembre plusieurs efforts pour sauver Louis XVI (2). Devant cette tentative Burgoing, ambassadeur de la Convention, eut ordre d'intimer à l'Espagne le désarmement général de ses frontières et après une longue entrevue avec le premier ministre, le 23 février 1793, Burgoing quitta Madrid ; le 7 mars de

(1) Mémoires du Prince de la Paix don Manuel Godoy, 4 vol. in 8°.
(2) Mémoires du prince de la Paix. t. I.

la même année sur le rapport de Barrère, la Convention déclara la guerre à l'Espagne.

« Il faut, disait le rapport, que les Bourbons disparaissent d'un « trône qu'ils ont usurpé avec les bras et les trésors de nos pères, « et que le plus beau climat, le peuple le plus magnanime de « l'Europe, reçoive la liberté qui semble faite pour lui ». (1)

Le 23 du même mois, le monarque Espagnol répondit par un manifeste à la fois noble et digne à la déclaration du gouvernement français, et les deux nations se préparèrent activement à la guerre. Cet état de choses avait été prévu depuis longtemps par les deux puissances et de grands préparatifs avaient été faits, surtout en Espagne. Déjà le 10 septembre 1792, on signalait de Madrid de grands mouvements de troupes qui se dirigeaient à marches forcées vers les frontières de France (2) ; une correspondance de Pampelune annonçait dès le 26 septembre au gouvernement républicain qu'on attendait dans cette ville un bataillon du régiment d'Africa et deux nouveaux régiments de troupes de ligne. De plus l'ordre de mobilisation des milices de Soria et de Logrono faisait prévoir des évènements prochains. Enfin les grands mouvements d'artillerie qu'on transportait dans les places voisines de la frontière, annonçaient des mesures de défense qu'il était au moins prudent d'imiter.

L'arrivée des commissaires de la République à Bayonne contribua puissamment aux commencements des travaux ou du moins à prendre les quelques précautions qui en paraissaient exclues ; ils écrivirent à l'assemblée « que le mouvement de l'Espagne ne « peut être regardé que comme défensif ; que nous n'avons « d'ennemis à craindre que ceux du dedans, que ceux qui veulent « rompre l'unité de la République, faire dominer une section du « peuple sur les autres et substituer au despotisme abattu un « genre de despotisme plus tyrannique et plus arbitraire. » (3). Cependant ces hommes énergiques qui devaient être d'un si grand poids dans la formation rapide de l'armée, pressèrent immédiatement la levée des bataillons destinés à cette partie de la frontière; ils essayèrent aussitôt de rassembler à Bayonne de grandes quantités d'armes, d'habillements et d'équipements ; 500 lits furent

(1) Sorel. La diplomatie française et espagnole, rev. hist. nov. déc 1879.
(2) Moniteur.
(3) Moniteur.

fournis à perte par les négociants de la ville. Un grand nombre d'autres furent offerts en don (1); les uns donnaient de la laine, de la toile, d'autres des couvertures ; les femmes sans distinction de caste contribuaient à ces offrandes patriotiques en se chargeant de la couture des effets d'habillement et de campement.

L'artillerie destinée à la défense de la place était en assez grand nombre et en assez bon état, mais l'artillerie de campagne faisait totalement défaut. Le commissaire du pouvoir exécutif J-G. Lacuée fut chargé d'acheter des cuivres qui se trouvaient en vente à Rochefort et de faire fondre des canons de bataille ; les casernes de la ville demandaient de promptes réparations ; elles étaient dans un si grand délabrement que le soldat y souffrait beaucoup ; on devait au plus vite le retirer de cet état de misère dans lequel il se trouvait et réaliser enfin quelques unes des promesses qu'on lui avait faites (2). Les murs de la place étaient l'objet des réparations les plus nécessaires, et ce qui est plus puéril, on débaptisait quelques ouvrages ; « nous ne faisons grâce à aucun emblème de « la féodalité ; les pièces de la fortification s'appelaient : celle-ci, « contre-garde du roi ; une autre, bastion de la reine ; celle-là, « cavalier dauphin. Nous avons substitué à ces dénominations « des noms plus analogues au régime de la liberté et de « l'égalité. » (3).

Suivant des lettres de Madrid (4) on devait, parait-il, s'en tenir en Espagne à une prudente défensive et laisser tout le soin de l'invasion à l'armée qui se formait en Catalogne ; on approvisionnait St-Sébastien, Pampelune de munitions de tout genre. Vers la même époque, une correspondance de Barcelonne apprenait à la France que le supplice de Louis XVI avait soulevé en Espagne une indignation générale contre les assassins de l'illustre chef de la maison de Bourbon (5). Des commerçants espagnols connus par leurs relations avec quelques Français furent menacés par la populace ameutée ; enfin la guerre devenait inévitable, le jour du départ de M. Bourgoing l'ambassadeur de France paraissait fixé ; de nouveaux détachements étaient dirigés vers la frontière. Le 9

(1) Moniteur.
(2) Moniteur.
(3) Moniteur — Archives de Bayonne — Papiers particuliers.
(4) Moniteur. — Archives de Bayonne.
(5) Moniteur.

mars, ainsi qu'on l'a vu plus plus haut, la guerre avec l'Espagne était déclarée par l'assemblée nationale; le manifeste du roi que nous reproduisons plus loin prétendit que les Français avait rompu le traité dès le 26 février, par des prises faites par un corsaire (1). Depuis lors jusqu'au 23 mars, jour de la promulgation de la déclaration de guerre par le gouvernement espagnol, l'effervescence fut portée à son comble dans toute l'étendue de la Péninsule; le manifeste du duc de Brunswick traduit en langue euskarienne fut répandu à profusion dans les provinces Basques espagnoles et francaises (2); tout le monde offrit des secours. Les religieux parcouraient les campagnes, le crucifix à la main; le général des Fransciscains promettait dix-mille de ses religieux pour les incorporer dans l'armée (3); l'évêque de Saragosse offrait 50,000 prêtres et moines (4); les ducs de l'Infantado et de Medina-Cœli levèrent des régiments à leurs frais; c'est ainsi que fut créé le régiment des Volontaires de Castille à trois bataillons et à la tête duquel le premier de ces grands d'Espagne fit la campagne et fut blessé (5). Les contrebandiers d'Obéda, au nombre de trois cents, arrivèrent de la Sierra-Morena et se préparèrent à combattre pour la défense de la patrie, tâche qu'ils ont noblement remplie, dit M. de Marcillac qui s'extasie sur la grandeur d'âme de ces voleurs de grands chemins, qui surent abandonner leur vie de crimes et de brigandages pour se dévouer à une sainte cause. Enfin les Espagnols qui ne purent offrir leur sang envoyèrent des dons en argent; de toutes les provinces américaines, alors sous la domination de la couronne d'Espagne, affluèrent les présents de toute sorte.

Le 20 mars le gouvernement donna l'ordre à tout Français qui n'était pas établi en Espagne depuis dix ans de sortir de Madrid dans 48 heures et de l'Espagne dans 20 jours.

Le 23 mars parut le manifeste que nous reproduisons ici, et qui fut affiché dans toute l'étendue de la Péninsule:

« Parmi les soins importants qui appellent mon attention depuis

(1) Voir le Manifeste.
(2) Archives de Bayonne. Malgré toutes nos recherches il nous a été impossible de nous procurer ces très précieux documents basques.
(3) Moniteur.
(4) Ces offres ne furent pas acceptées; on en prit néanmoins quelques uns pour remplir l'office de brancardiers et faire le service des hôpitaux; Marcillac.
(5) Moniteur. — Marcillac

« mon avénement à la couronne, j'ai songé principalement à
« maintenir, autant qu'il était en mon pouvoir, la paix de l'Eu-
« rope. Ainsi contribuant au bien général de l'humanité, j'ai
« donné à mes fidèles et bien aimés sujets une preuve particulière
« de la paternelle vigilance avec laquelle je m'occupe de leur
« bonheur, qui est l'objet de tous mes vœux, et dont ils sont aussi
« dignes par leur loyauté que par la générosité de leur caractère.

« Depuis qu'il s'est manifesté en France, des principes de désor-
« dre, d'anarchie et d'irréligion, causes de tant de troubles et de
« malheurs, la modération de ma conduite à l'égard de cette
« nation est si notoire qu'il serait superflu d'en offrir de nouvel-
« les preuves. Je me bornerai donc à ce qui s'est passé pendant
« ces derniers mois, sans rappeler les horribles et nombreuses
« catastrophes dont je veux écarter l'image de mon esprit et de
« celui de mes sujets bien aimés. J'indiquerai toutefois le plus
« atroce de tous ces évènements, parce qu'il est indispensable
« d'en parler ici.

« Je cherchais avant tout le moyen d'amener la France à un
« système raisonnable qui mit des bornes à son ambition exces-
« sive, d'éviter une guerre générale en Europe, et d'obtenir au
« moins la liberté du roi très chrétien Louis XVI et de son
« auguste famille, prisonnière avec lui dans une tour, et, comme
« lui, chaque jour exposée à de nouveaux dangers. Pour arriver
« à ce résultat si utile au bien de la paix universelle, si conforme
« aux lois de l'humanité, si hautement réclamé par la voix du
« sang et par l'honneur de la couronne, j'accédai aux instances
« réitérées du ministère français, et lui fit adresser deux notes
« dans lesquelles étaient stipulées la *neutralité* et la *retraite réci-*
« *proque des troupes* échelonnées sur les frontières.

« Lorsque, d'après cette concession, il paraissait naturel que
« ma double proposition fut acceptée, celle du *rappel des troupes*
« *fut modifiées*, par le ministère français. Il voulait conserver une
« partie des siennes aux environs de Bayonne, sous le prétexte
« spécieux d'une invasion à craindre de la part des Anglais ;
« mais, en réalité, pour en faire l'usage qui conviendrait à la
« France : de sorte qu'en maintenant sur pied des forces redou-
« tables dans notre voisinage, on nous imposait la nécessité d'en-
« tretenir de notre côté des forces équivalentes, pour n'être pas

« exposés aux insultes éventuelles d'une soldatesque inquiète et
« mal disciplinée.

« Le ministère français ne manquait pas non plus de parler à
« chaque ligne avec affectation, dans sa note, *au nom de la Répu-*
« *blique*, avec le but de nous la faire ainsi *reconnaître* implicite-
« ment, et par le fait même de l'admission de sa correspondance
« diplomatique. J'avais ordonné, moi, qu'en remettant à Paris
« les *deux dernières notes* que j'avais dictées, on employât en
« même temps tous les bons offices, les moyens les plus efficaces,
« en faveur du roi Louis XVI et de son infortunée famille.

« Si je ne voulus pas exiger préalablement, comme condition
« précise de la neutralité et du désarmement, l'adoucissement
« du sort de ce monarque, ce fut en réalité pour ne pas nuire au
« succès de la cause qui m'intéressait le plus ; mais j'étais bien
« convaincu que, sans une insigne et complète mauvaise foi, le
« ministère français ne pouvait s'empêcher de reconnaître que
« ma *recommandation* et mon *intervention* offertes d'une manière
« si pressante dans le moment même où les notes étaient présen-
« tées, avaient une connexion tellement intime avec ces notes,
« qu'il n'était pas permis d'accepter la *neutralité* et le *désarme-*
« *ment*, sans avoir égard à la *médiation*. Je ne croyais devoir
« m'abstenir de le déclarer ainsi d'avance que par un motif de
« pure délicatesse, et afin que le ministère français pût trouver
« dans les partis qui agitaient alors et qui agitent encore la
« France plus de facilités pour opérer le bien auquel je devais le
« croire incliné.

« La mauvaise foi ne tarda point à se montrer ouvertement,
« puisque, sans vouloir m'occuper de la *recommandation* et de la
« *médiation* du souverain d'un peuple puissant et généreux, on
« insistait uniquement sur l'admission par nous des *notes* ainsi
« modifiées, et chaque instance nouvelle apportait la menace du
« rappel immédiat du chargé d'affaires de France.

« Pendant cette discussion souvent orageuse et insultante, on
« commettait à Paris l'assassinat aussi cruel qu'inouï d'un monar-
« que, et lorsque j'étais, ainsi que tous les Espagnols, saisi de
« douleur et d'indignation, le ministère français s'obstinait à vou-
« loir traiter avec moi, non pas certainement qu'il osât compter
« sur ma déférence, mais pour nous faire un nouvel outrage à
« moi et à la nation espagnole : car il sentait bien qu'en pareil

« état de choses, toute insistance de sa part n'était plus qu'une
« dérision amère que le sentiment de notre propre dignité me
« défendrait de souffrir. Le chargé d'affaires de la République
« voulut avoir des passeports ; on les lui donna.... En ce même
« temps, un bâtiment français s'emparait d'un bâtiment espagnol
« sur les côtes de la Catalogne : j'ordonnai sur-le-champ au
« commandant général de la province d'user de représailles.
« Coup sur coup, on reçut la nouvelles d'autres prises. A Mar-
« seille et dans plusieurs autres ports de France, un *embargo* était
« mis sur notre pavillon. Enfin, le 7 du présent mois, la guerre
« nous fut déclarée, *après qu'on nous l'avait faite sans aucune dé-*
« *claration* depuis le 25 du mois de février antérieur ; car telle
« est la date de la *patente de course* contre nos bâtiments de
« guerre et de commerce, ainsi qu'il est prouvé par les papiers
« trouvés à bord du corsaire français *le Zorro* (le Renard), capi-
« taine J.-B. Lalanne, lorsqu'il fut repris par notre brigantin *le
« Léger* (Ligero), sous le commandement du lieutenant de vais-
« seau D. Juan-de-Dieu Copeté, avec un bâtiment espagnol chargé
« de poudre que le corsaire avait enlevé.

« En conséquence de ces provocations et des hostilités ainsi
« commencées par la France et sans aucune déclaration de guerre,
« j'ai donné les ordres convenables d'arrêter, de repousser l'en-
« nemi et de courir sus, par mer et par terre, là où il se présen-
« tera ; j'ai également résolu et je veux que la guerre soit publiée
« dans cette capitale contre la France, ses possessions et ses
« habitants ; et que, dans tous mes Etats, il soit pris les mesures
« de défense nécessaires dans l'intérêt de mes sujets et pour com-
« battre l'ennemi....

« Que ceci soit entendu dans le Conseil, pour être exécuté en
« ce qui le concerne. Aranjuez, le 21 mars 1793 » — « Au
« comte de la Canada. »

Mais avant d'aller plus loin, nous devons jeter un coup d'œil
rapide sur la frontière naturelle qui sépare la France de la Péninsule, et dire quelques mots sur la nature des obstacles qui se
dressent entre les deux pays.

La longueur totale de la chaine des Pyrénées est d'environ
429 kilomètres (1). A partir du département des Hautes-Pyrénées

____

(1) Elisée Reclus, géogr. t. I.

elle vient en s'abaissant doucement jusqu'à la mer ; le pic d'Anie est le dernier auquel on puisse donner le nom de grande montagne ; la dépression se continue ensuite jusqu'au golfe de Figuier qui baigne le pied de la dernière montagne. Le pic d'Orhi, le point le plus élevé du pays basque, a 2000 mètres au-dessus du niveau de la mer, la Rhune qui se trouve être la dernière montagne de la chaine française n'en a environ que 900 ; la partie méridionale du département des Basses-Pyrénées, dans lequel les opérations militaires devaient être circonscrites, est occupée par la chaîne sur un développement de 160 kil. depuis le pic de Soube jusqu'à la Bidassoa (1). Les contreforts des Pyrénées offrent des vallées nombreuses et habitées ; on doit citer parmi les plus importantes à l'est la vallée d'Ousse, la vallée d'Ossau l'une des plus riches et des plus belles ; la vallée de Barétous qui se trouve placée entre la Soule et la vallée d'Aspe ; la vallée de Josbaig; la vallée de Soule ; la vallée de Cize correspondant au val de Roncevaux ; la vallée d'Ossès près St-Etienne de Baïgorry, et enfin la vallée de la Nive et la vallée de la Nivelle (2).

Quoique les Pyrénées soient beaucoup plus accessibles du côté de la France et semblent presque infranchissables quand on les voient de l'Espagne (3), elles sont traversées par plus de 60 cols ou passages (4) qui exigent l'emploi d'un grand nombre de troupes à celui des belligérants qui veut seulement garantir l'intégrité du territoire. Les principales routes qui donnent accès en Espagne sont : la grande voie de communication de Paris à Pampelune en passant par Bayonne et qui est d'une immense importance, car, passant par Irun et se bifurquant à Irurzun, elle se dirige d'un côté sur Pampelune et de l'autre à Vittoria qui se trouvait ainsi être le nœud stratégique du pays ; l'une et l'autre aboutissent ensuite à Madrid (5) ; une autre route jetait un embranchement sur Pampelune en passant par St-Jean-Pied-de-Port et Roncevaux ; nous citerons en passant les autres routes qui se dirigent de Pau en Espagne en traversant Jacca et Huesca.

(1) Grand-atlas départemental de la France et des colonies par H. Fisquet. Paris, Le Vasseur.
(2) Grand atlas.
(3) Observation faite dans les Pyrénées. Paris, Belin. MDCCXXXIX.
(4) Citoyen B.. Mémoire.
(5) Description des Pyrénées par M. Dralet. Paris, Arthus Bertrand, 1813, 2 vol. p. in-8°.

Les vallées dépourvues de grandes routes possédaient cependant le long des torrents un chemin qui les mettaient en communication; ces voies nommées *abat (?)* se prolongeaient le long des torrents jusqu'à la crête des Pyrénées, où elles rencontraient d'autres sentiers propres aux piétons et aux mulets seulement, et offraient ainsi certaines facilités de communications entre la France et l'Espagne. Ce sont dans les cols qui sont formés par l'intervalle que laissent deux montagnes entr'elles que se forment ces points de jonction. Selon la carte de Roussel on en trouve, dit M. Dralet, 69 de Bayonne à Perpignan. Nous croyons que, si on consultait la carte de l'état-major, on verrait combien ce chiffre est au-dessous de la vérité.

CHAPITRE II.

Positions des armées. -- Plan du général Caro. -- Bombardement de Henday e -- Le camp de Sare. -- Prise du camp par les Espagnols. -- Latour d'Auvergne. -- Bayonne est menacée. -- Mesures de défense.

Au moment où parut le manifeste du roi d'Espagne, les armées belligérantes occupaient les positions suivantes : Successivement renforcée, l'armée des Pyrénées Occidentales, alors sous les ordres du général de division Duverger, était forte de 14 bataillons et demi, 1 bataillon d'infanterie légère, 18 compagnies franches, et 15 compagnies de canonniers, le tout s'élevant à 8,000 hommes environ.

Duverger avait sous ses ordres les généraux de brigade Rénier et Lagénetière. La droite, dit le citoyen B... auquel nous empruntons ces détails fort précis, était partagée en trois camps ; le premier, composé de 4 bataillons, occupait le village de Hendaye et appuyait son aile gauche sur la montagne de Louis XIV défendue par une batterie de cinq pièces. Ce camp se trouvait ainsi à cheval sur la route de Béhobie et coupait la principale voie de communication avec l'Espagne. Le deuxième camp, placé à Jolimont dans une position assez avantageuse, était relié au premier par quelques troupes légères ; un troisième camp fort de trois bataillons avait pris position un peu en avant de Sare, en face de Zugarramurdi, tandis que quelques chasseurs jetés jusqu'à Ainhoa observaient l'entrée de la frontière et préservaient le flanc gauche (1).

L'armée espagnole destinée à opérer sur ce point de la frontière, était sous les ordres de don Ventura Caro. Lourde mais disciplinée, elle pouvait endurer les plus grandes privations, tandis que par tradition elle avait encorc la lenteur de mouvements qui caractérisaient les troupes du commencement du siècle; ne combattant qu'en épaisses colonnes ou dans des retranchements qu'elle excellait à construire, elle devait, après quelques succès dans cette première campagne, se fondre rapidement, noyée au milieu des rapides colonnes françaises qui harcelèrent ces fortes masses de nuées de tirailleurs, et assurèrent le succès par la rapidité de leurs mouvements.

Tous les historiens espagnols s'accordent à dire que cette armée exclusivement défensive devait se borner à assurer l'intégrité du territoire. On réservait, paraît-il, le côté brillant de la campagne à l'armée de Catalogne. Don Ventura Caro qui avait au début des hostilités 22,000 hommes environ (2), commit la même faute que les généraux français, en échelonnant son armée sur plus de 150 kilomètres de frontière qu'il prétendait couvrir.

Mais bientôt ce général, trouvant son front de bataille démesurément étendu, voulut le restreindre, en franchissant la Bidassoa et en s'emparant de la ligne des hauteurs qui suivant la Rhune de St-Jean de Luz à Urrugne, se dirigent ensuite vers la vallée de Bastan; il y eut alors placé son centre, ayant par une attaque savamment combinée poussé sa droite jusqu'à Château-Pignon Ce petit fort sans importance commande cependant les défilés qui donnent accès en France.

Il eut ainsi fait vivre la gauche et la droite de son armée sur le territoire français, ayant appuyé sa *droite* sur la Bidassoa.

Cette position eût pu cependant devenir dangereuse pour lui, si un ennemi entreprenant et rapide eût en refoulant son centre tourné son aile *gauche* par Vera. On ne lui laissa pas le temps de mettre ses idées à exécution, car il reçut l'ordre du

(1) Citoyen B... Mémoires.
(2) Le citoyen B... dit 30,000. — Mémoires.

gouvernement espagnol de s'en tenir à la défense du territoire (1).

Ce ne fut cependant que le 23 avril 1793 que commencèrent réellement les hostilités. Le général en chef Don Ventura Caro, désirant protéger les approches de la Bidassoa, résolut de détruire le fort d'Hendaye qui se trouvait situé directement sous le feu de Fontarabie.

Le matin du 23 avril, une grêle de boulets et d'obus vint s'abattre sur le fort et la ville d'Hendaye, que les habitants abandonnèrent immédiatement ; bientôt, le fort fut évacué à son tour par les Français, et l'artillerie espagnole continuant son feu, cet ouvrage, qui n'offrait qu'un relief peu puissant, fut bientôt largement éventré. Une colonne épaisse d'infanterie espagnole déboucha par le pont de Béhobie, et après s'être emparé de la montagne de Louis XIV, détacha quelques troupes qui occupèrent Hendaye et la redoute ruinée ; on trouva, dans cette dernière, un canon de fer de 30, cinq de 24, six de 18, quelques mortiers de douze pouces, ainsi qu'une assez grande quantité de munitions (2).

Les soldats français furent étourdis par cette brusque attaque et commençaient déjà à fléchir, lorsque le commandant Willot du 7e régiment d'infanterie légère les ranima, et les entraînant à sa suite força les Espagnols à repasser la Bidassoa.

Après cette affaire, dans laquelle le général Rénier fut blessé, les Français, ne se sentant pas en nombre, crurent prudent de se mettre à couvert ; ils portèrent alors leur camp à quelques centaines de mètres en arrière, et prirent une bonne position à la croix des Bouquets, à droite de la route d'Espagne, et hors de portée du canon ennemi (3). Le général Espagnol, content de son succès et ayant pris le contact avec l'ennemi du côté de Jolimont, se décida à tenter une affaire plus importante.

Il supposa et avec raison que l'armée Française n'était pas en état de lui offrir une résistance sérieuse, et désirant dégager sa ligne de bataille, il fit ses préparatifs pour attaquer le camp de Sare.

A cette époque, le général Duverger, arrêté par ordre des représentants, fut envoyé a Paris ; le général Servan qui lui succéda

(1) Marcillac.
(2) Marcillac.
(3) Mem. du Cit B... — Moniteur. — Archives de Bayonne. — Biographie Universelle.

prit le commandement de l'armée, un nouveau régiment, le 80e ancien Cambrésis, venait d'arriver, et heureux de ce renfort les Français commirent la faute de s'endormir dans la plus grande confiance, ne se doutant pas un seul instant du coup qui allait leur être porté.

Ainsi que nous l'avons déjà dit, le nouvel objectif des Espagnols était le camp de Sare. Cette position qui a été trouvée si dangereuse par les historiens qui ont déjà écrit sur cette campagne, n'est mauvaise, à notre avis, que pour une armée se bornant à un rôle défensif; elle est, au contraire, des mieux choisies pour l'attaque; car, ainsi qu'on peut s'en assurer en jetant un coup d'œil sur la carte, elle se trouve heureusement située entre deux vallées et en face de Zugarramurdi qu'elle commande; elle a, sur sa droite, la gorge de Vera qui permettra toujours à un général hardi et entreprenant de faire de fréquentes démonstrations sur le sol ennemi, et surtout elle donne l'immense avantage de pouvoir lui dérober les points sur lesquels on veut opérer.

On verra combien nous avons raison, car cette position fut de nouveau occupée par les Français, quand leurs forces augmentant tous les jours leur permirent enfin de reprendre l'offensive.

Quelques jours avant l'attaque projetée par les Espagnols, un détachement de troupes françaises commandé par le lieutenant colonel Labeyrie, du 2e bataillon des Landes, se porta jusqu'à Zugarramurdi qui fut mis au pillage; après en avoir délogé 150 volontaires Espagnols et s'être emparé de 3,000 cartouches et de 30 fusils, les Français battirent en retraite (1). Pendant ce temps le mouvement de concentration des troupes espagnoles venait de commencer, mais pas assez habilement pour échapper à tous les regards. Dès le 30 avril au soir, le lieutenant colonel des chasseurs de Montagne, Pinsun, qui venait d'être chargé de surveiller les défilés, aperçut quelques éclaireurs espagnols.

Cet intelligent officier avait disséminé son monde dans les gorges voisines, il s'assura lui-même de certains mouvements des troupes ennemies, qui lui parurent suspects, et il fit immédiatement prévenir le colonel Lachapelette du 80e; ce dernier ordonna au détachement de canonniers du 1er bataillon des Hautes-Pyrénées de se porter aussitôt avec deux pièces de 4 de campagne dans

(1) Moniteur. — Mem. du Citoyen B...

une redoute que l'on venait d'élever et qui se trouvait située à l'entrée de la gorge de Churiteguy (1), sur l'extrême frontière (2).

Pendant ces préparatifs, l'armée espagnole d'opération avait fini de se concentrer ; les troupes destinées à cette attaque furent divisées en deux colonnes, celle de droite partit de Lesaca vers deux heures du matin, mais, fort heureusement pour les Français, fut dérangée dans sa marche. La colonne de gauche dont le point de départ était Vera et que le général en chef Caro commandait en personne, s'arrêta dans un bois, à quelque distance de cette ville ; mais, voyant que le temps s'écoulait, et que la division de droite n'apparaissait pas, le général espagnol forma en colonne d'attaque six compagnies d'infanterie sous le commandement du marquis de la Romana et de M. de Cifuentes ; ces troupes parvinrent à se porter rapidement sur le flanc droit de la redoute de Churiteguy, sans être aperçues de ses défenseurs. Cette colonne exécuta alors une décharge de mousqueterie, avec tant de justesse et si à propos, que les deux pièces de 4 envoyées la veille eurent leurs servants tués ou blessés. Se formant alors en colonne d'attaque et s'emparant vivement de la redoute et des pièces de canon qui la défendaient, ils se portèrent rapidement sur le flanc droit du camp.

Le brave colonel Lachapelette fit tout au monde pour arrêter les fuyards, et avec les 100 hommes de son régiment commandés par Latour d'Auvergne et quelques volontaires, il tenta d'arrêter l'ennemi. Latour d'Auvergne posta son monde sur la hauteur dite Ste-Barbe, et par une mousqueterie bien dirigée, arrêta successivement la cavalerie espagnole et un gros d'infanterie, mais bientôt forcé de se mettre lui-même en retraite, il se retira sur le camp de Sare non sans faire de fréquents retours offensifs.

En ce moment, la colonne espagnole de droite vint ajouter à la confusion qui régnait parmi les troupes françaises ; après différentes manœuvres ayant pour but d'envelopper les corps qui résistaient encore, les Espagnols réussirent à s'emparer du camp de Sare et du village lui-même. Latour d'Auvergne, qui arriva pendant ce temps sur le lieu du combat, toujours poursuivi, mais jamais entamé, fit atteler trois pièces de canon qu'il trouva aban-

(1) Moniteur. — Mém. du Citoyen B...
(2) Voir la carte de l'État-Major.

données et qui allaient devenir la proie des Espagnols, les chevaux lui manquant pour se faire suivre d'une quatrième, il la fit jeter dans un ravin, après l'avoir fait mettre hors de service (1). D'après le mémoire du citoyen B... les Français eurent trente hommes tués, parmi lesquels il faut compter 6 officiers ; le capitaine Dessein du 80ᵉ régiment fut blessé, et le chef de brigade Lachapelette, qui avait fait des prodiges de valeur, fut en grand danger d'être pris.

On mit, comme toujours, la faute de cette déroute sur le compte de la trahison, les représentants du peuple accusèrent dans leurs lettres le commandant du camp, mais sans le nommer; « espagnol d'origine, disent-ils, il a été tué par un de ses soldats au moment où il allait embrasser le commandant espagnol » (2).

L'armée française, en pleine déroute, s'était enfuie par le chemin d'Ainhoa, on ne pût guère l'arrêter avant Ustaritz. L'alarme fut donnée dans le pays, et le tocsin sonnait de toute part. Bayonne, alors, commença à ressentir les plus vives craintes pour sa sécurité; partout dans la ville on déploya une activité fébrile. Le chef de brigade du 2ᵐᵉ régiment d'artillerie, le colonel Lespinasse, était à la tête des préparatifs de défense ; commandant en sous-ordre l'artillerie de l'armée, sous le général de division Gimel, inspecteur général de l'artillerie, Lespinasse qui venait d'être chargé des travaux d'agrandissement de l'arsenal, où il se trouvait trop à l'étroit, déploya dans ces circonstances difficiles ses connaissances si approfondies en artillerie. Tous les soldats, les habitants, femmes et enfants, furent employés à trainer l'artillerie destinée à la défense de la place ; les deux bataillons de la garde nationale de Bayonne se tinrent prêts à marcher avec leurs canons (3). La place avait déjà eu un com-

(1) Mém. du citoyen B...
(2) Marcillac. — Moniteur.
(3) Les villes qui ont des pièces à elles appartenant pourront en attacher deux à chacun de leurs bataillons de gardes nationales , soit sédentaires, soit volontaires, destinés à la défense des frontières ; et dans ce cas il sera attaché à chaque bataillon un détachement composé d'un officier, de deux sergents, deux caporaux et deux canonniers; l'uniforme des canonniers nationaux est réglé ainsi qu'il suit : habit bleu de roi, parement et doublure écarlate ; passe-poil blanc ; revers blancs, passe-poil écarlatte, les pattes des poches de l'habit à trois pointes, un gros bouton sur chaque coin, le gros bouton au-dessous du revers ; la manche ouverte et fermée par 3 boutons ; la veste bleu de roi, passe-poil écarlate ; culotte bleu de roi ; sur le retroussis, un canon et une grenade ; les boutons comme ceux des gardes nationales. Moniteur.

mencement de travaux de défense (1), car, l'éventualité d'un
siége avait été prévue. Le général Duverger qui commandait alors
la place de Bayonne, avait fait à l'avance établir des états contenant le nom et l'âge de tous les habitants, ainsi que nombre de
pompes à incendie, etc. ; il avait en même temps ordonné à tout
propriétaire de se munir de sceaux, et de faire établir de grandes
cuves au coin de chaque rue ; les bêtes de somme avaient été
scrupuleusement comptées et l'alarme devait être donnée, en cas
de besoin, par le tambour de la garnison (3).

Mais l'ennemi ne parut pas vouloir tenter un mouvement de
cette importance. On fit aussitôt marcher 200 cavaliers du 18me
dragons, et le 3me bataillon de l'Hérault qui arrivait de Toulouse.
Ces troupes se portèrent rapidement sur les hauteurs d'Arcangues,
et campèrent pendant deux jours sur la place ; pendant que les
deux escadrons de dragons, poussant des reconnaissances auda-
cieuses en essayant de se mettre en contact avec l'ennemi ; quelques cavaliers pénétrèrent même dans Sare ; les Espagnols, après
avoir incendié le camp, s'étaient mis en retraite et avaient rega-
gné leurs cantonnements. Malgré ce fait, le général Servan qui
venait d'arriver, ordonna la formation d'un conseil de guerre, afin
de rechercher, s'il était possible, la cause de cette panique qui avait
si brusquement saisi l'armée ; et jugeant, non sans raison, que les
nouvelles levées qu'on avait eu la prétention d'opposer à l'élite
de l'armée espagnole n'étaient ni assez exercées ni surtout suffi-

(1) En cas d'alarme, les vétérans se rassembleront dans la rue des
Tendes, et puis, à la maison d'arrêt ; 20 h. à celle de correction ; 20 h. à
l'église ci-devant Ste-Claire ; 20 h. au magasin à poudre du Château-Neuf;
20 h. chez le Payeur de la Guerre; 12 h. à l'arsenal du fort Ste Claire, 20 h.
à la monnaie, 20 h. chez le Receveur des districts ; 12 h. à l'église des ci-
devant capucins. Tous les jeunes gens, qui auront 15 ans révolus, se
réuniront sur la place du marché, et s'arrangeront en haie sur 2 ou 3
files, sur la même ligne que la maison commune. Les capitaines des
compagnies quand ils auront fait l'appel, réuniront dans un même peloton
toutes les personnes non armées, et les feront conduire par un sous-
officier, sur la place du marché, les faisant placer par compagnies puis
la maison Puyo jusqu'à celle d'Iliriart.
Toute personne, qui n'a point d'arme de la commune, est autorisée à se
rendre à sa compagnie, munie de fusil, pique hache ou autre. Les domes-
tiques et autres se rendront à la compagnie de leur quartier munis d'une
arme offensive, le capitaine sera tenu de les inscrire pour le service extraordinaire ; les portefaix et autres non inscrits seront tenus de se rendre
sous le porche de la maison commune, où on les organisera pour le service
des pompes.
Toutes les personnes qui auront des cuves les mettront devant leurs
portes, aussitôt que la générale battra.

samment disciplinées, il fit évacuer sur le champ les positions d'Hendaye, Urrugne, Jolimont et Biriatou que les Français possédaient encore, et concentrant toutes ses forces à Bidart, il résolut d'y former un camp d'instruction.

Les historiens espagnols s'accordent à dire que le manque de troupes seulement arrêta Caro dans sa marche victorieuse ; il est juste d'ajouter aussi qu'il ne sut pas profiter de son succès. Car possédant environ 15,000 hommes de troupes de lignes, et des meilleures de la monarchie, il pouvait, et cela sans s'écarter des règles de la plus sévère stratégie, continuer sa marche jusqu'à Ustaritz, et là, pendant que sa colonne de droite ne rencontrait devant elle que des troupes démoralisées et incapables de lui offrir une résistance sérieuse, sa colonne de gauche, bien couverte par cette marche en avant, eût pu, en se rabattant brusquement sur sa gauche, et en une seule marche, envelopper et séparer du reste de l'armée les bataillons républicains qui se trouvaient à Biarritz et à la Croix des Bouquets, et qui n'eussent eu d'autre ressource que de mettre bas les armes. Il eut ainsi porté à l'armée française un coup terrible et dont elle ne se fut pas relevée de longtemps ; sans doute, nous ne voulons pas assurer qu'il eût été à même de faire le siége régulier de Bayonne, mais il eût pu tenter sur elle un coup de main, ou du moins, circonscrire étroitement les Français dans ses murs. Mais c'était beaucoup trop demander à l'armée Espagnole qui, habituée de longue date à combattre avec méthode ou derrière des retranchements, n'était ni assez manœuvrière ni surtout assez rapide pour tenter des mouvements qui exigeaient la plus grande célérité et une connaissance approfondie du terrain.

Cette faute commise par Don Venturo Caro, il la renouvela encore après la prise de Château-Pignon.

CHAPITRE III.

Le camp de Bidart. — Nouvelle position des Espagnols. — Formations de deux divisions. — Prise de Château-Pignon.

Servan établit son camp de droite à Bidart et dans d'assez bonnes conditions.

Ce village est situé sur un plateau et se trouve séparé de Guétary par un vallon au fond duquel coule un petit ruisseau qui va non loin de là se jetter dans la mer. Ce ruisseau peu encaissé et partout facilement guéable ne pouvait guère être considéré comme un obstacle. Le camp placé en arrière était défendu par quelques retranchements. Il s'appuyait par la droite à la mer et par la gauche à une maison crénelée connue dans le pays sous le nom de Contesta (1). Le plateau était couvert près de l'église par un bataillon d'infanterie et quelques pièces de canons ; Saint-Jean-de-Luz qui formait avec la Nivelle une première ligne de défense, fut occupée par deux bataillons et un escadron de dragons. Les grenadiers, commandés par Latour d'Auvergne, furent cantonnés à Saint-Pé sur Nivelle ; ces différents postes se reliaient entr'eux.

Les Espagnols qui faisaient des réquisitions jusque dans le village de Sare, n'osèrent plus s'y aventurer à la vue d'une défense si bien entendue, et vers le milieu du mois de mai, les grenadiers (2), se portant un peu en avant, prirent position à Serres. Ils s'y couvrirent par la Nivelle, tandis que leurs derrières se trouvaient assurés par les bois de Fagosse qui leur permettaient, le cas échéant, une retraite prompte et facile; ils se trouvèrent alors placés de manière à exercer une surveillance complète sur les gorges d'Ascain et d'Olette ; les 2e et 3e bataillons des Landes les remplacèrent à Saint-Pé.

---

(1) Mem : du Citoyen B... Moniteur. — Corresp. inédite du général Laroche.
(2) Les grenadiers furent pendant cette guerre toujours formés en bataillons et ils remplirent fréquemment l'office des troupes légères, aussi furent-ils souvent décimés. Enfin, le général en chef Moncey, le 13 floréal an 3, ordonna qu'à l'avenir les grenadiers ne combattraient plus qu'en ligne, voulant ainsi se réserver ces soldats d'élite, pour frapper un coup décisif.

C'est de ce camp d'instruction, plus tard si vigoureusement dirigé par le général Laroche, que devait sortir la nouvelle armée des Pyrénées Occidentales. Le général Dubouquet, sous les ordres duquel il se trouvait placé, et les représentants du peuple qui avaient la haute main sur l'organisation générale, travaillaient à l'envie à améliorer le sort des soldats. Cette ardeur fut bientôt égalée par le zèle que déployèrent les recrues en se rendant à leurs bataillons ; leur nombre fut bientôt assez imposant et les connaissances militaires qu'ils s'assimilèrent tous les jours, furent suffisantes pour permettre au général en chef, après quelques démonstrations sur l'ennemi à Ainhoa et à Urrugne, de porter une grande partie des troupes de Bidart, dont l'instruction se trouvait fort avancée, jusqu'à Ciboure, où la plus grande partie s'établit sur le Bordegain et sur les hauteurs voisines, pendant que l'avant-garde prenait position sur le plateau d'Urrugne.

L'armée Française était déjà depuis quelque temps formée en deux divisions. Celle de gauche se trouvait à Saint-Jean-Pied-de-Port ; elle était forte de 6 bataillons et demi et de la compagnie franche, dite du Louvre (1) ; elle comptait, en outre, 10 compagnies de chasseurs Basques, qui produisirent un grand nombre d'excellents officiers, parmi lesquels il faut citer l'illustre Maréchal Harispe ; ces compagnies rendirent les plus grands services dans cette guerre, au milieu de ces montagnes que les Basques connaissaient à fond, et parmi lesquelles ils guidèrent leurs camarades, avec un zèle et un patriotisme qui leur attira souvent les éloges les plus mérités.

Le général Nucé, qui commandait cette division, fut bientôt remplacé par le général Lagénétière. Ce dernier avait assis son camp, protégé par un redan, sur un plateau en arrière de Château-Pignon, et l'avait fait défendre par deux pièces de 8 ; deux compagnies de chasseurs Basques, commandées par le capitaine Moncey, lui servait d'avant-garde un peu au delà de Château-Pignon ; deux compagnies du 4e bataillon des Basses-Pyrénées occupaient à tour de rôle les gorges d'Arnéguy et d'Ondarolles.

Le 1er bataillon des Basses-Pyrénées et 4 compagnies du quatrième flanquaient la droite, à environ 10 kilomètres du camp, elles étaient cantonnées aux Aldudes ; deux compagnies de chas-

(1) Mem. du Citoyen B... — Moniteur.

seurs basques éclaircissent les cols d'Ispéguy et de Bustanceley ; enfin, le 4ᵉ bataillon du Lot-et-Garonne tenait garnison dans le fort de Saint-Jean-Pied-de-Port.

Ces détails, que nous trouvons en partie dans le Mémoire du Citoyen B... sont de la plus rigoureuse exactitude ; nous avons pu les vérifier, grâce à des documents venus de sources étrangères et qui donne parfaitement raison à cet auteur quand il ajoute :

« Tel fut le système de défense de cette partie de la frontière.
« Il est facile de voir qu'il avait des vices très essentiels. Des
« troupes aussi peu nombreuses ne devaient point être éparpil-
« lées avec tant d'inconsidération. Il valait mieux, puisqu'on ne
« pouvait garder convenablement tous les passages, n'en garder
« aucun, car avec un peu de célérité dans ses mouvements, l'en-
« nemi maître d'une porte de notre territoire, eût pu enlever
« brusquement tous les petits camps dispersés sur un terrain con-
« sidérable. Malgré le désavantage d'être en plaine, nous eussions
« mieux assuré notre défense en nous tenant dans une position
« serrée aux environs de Saint-Jean Pied de Port ; alors, circons-
« crits dans un espace étroit, nous aurions balancé la supériorité
« du nombre en n'occupant que la corde de l'arc que l'ennemi eût
« été obligé de décrire. »

Heureusement les Espagnols trop circonspects ne devaient tenter que de faibles efforts ; ils eurent cependant pour résultat de faire évacuer le camp de Château-Pignon à la division de droite, mais toutefois sans y recueillir de grands avantages.

Le voisinage de la riche vallée de Bastan attirait incessamment les courses des Français. Le 10 mai une escarmouche insignifiante eut lieu aux Aldudes, pendant qu'un parti français enlevait un poste au col d'Ispéguy et de là débouchant dans la vallée de Bastan ils y brûlèrent 7 baraques récemment élevées pour le logement des soldats ; le même jour, Papin, deuxième chef du 8ᵉ bataillon de la Gironde, après s'être porté en avant avec un détachement de deux cents hommes, attaqua quelques Espagnols retranchés dans la forge de Mattrita ; il y recueillit des munitions et quelques provisions, et se retira aussitôt, après avoir incendié l'usine. Les plus grands éloges furent donnés à MM. Inchauspé et Papin, lieutenants de compagnies franches. (1).

(1) Moniteur.

Don Ventura Caro ne voyait pas sans impatience ces courses se renouveler sans cesse ; il avait en ce moment dans la vallée une force généralement estimée à 12,000 hommes de bonne infanterie, 600 hommes de cavalerie et une artillerie nombreuse, bien attelée et bien servie. Décidé à dégager son aile droite et à la porter sur le territoire français, il débuta par construire un camp en avant d'Altabiscar, et malgré les neiges qui n'avaient pas totalement disparu, il réussit, grâce au zèle des habitants du Val-Carlos, à pratiquer un chemin propre à l'artillerie, dans le court espace de six jours. Il commença ses opérations par une démonstration du côté des Aldudes, village, qui aurait dû être abandonné. Le 18, les Espagnols, au nombre d'environ 1,800 hommes, se présentèrent pour essayer d'occuper le col de Berdaritz, qui quoique à 702 mètres d'altitude donne une facile communication dans la vallée et prend les Aldudes à revers.

Les représentants du peuple, Chaudron-Rousseau et Bourdon, passaient une revue d'effectif au camp de Château-Pignon, lorsqu'ils furent avertis, que les Espagnols attaquaient la redoute d'Elhocady sur l'extrême frontière. En un moment, Desolimes, chef du 1er bataillon des Basses-Pyrénées, les chasseurs du Louvre et une pièce de canon volent au secours de leurs camarades, repoussent l'ennemi, et faisant un détour sur leur gauche, s'emparent de nouveau des villages d'Ondarolles et de Val-Carlos, dont les cloches furent enlevées ; les représentants les destinèrent à la monnaie (1).

Ce combat, quoique heureux pour les Français, leur fit cependant comprendre combien l'évacuation des Aldudes devenait nécessaire ; la retraite se fit en bon ordre ; et le lendemain les troupes occupaient les positions suivantes : le 1er bataillon des Basses-Pyrénées, en avant de la fonderie, au village et à la gorge d'Adarca ; le 4e bataillon des Basses-Pyrénées, sous les ordres du commandant Mauco, sur le plateau d'Iranchaca ; et le troisième bataillon de la Dordogne, au col d'Ispéguy sur le flanc droit.

Après quelques escarmouches sans importance et dont le détail fatiguerait le lecteur, les Espagnols, quoique souvent battus dans ces reconnaissances quotidiennes, mais ayant pour eux le nombre et la discipline, parurent vouloir obliger les Français à évacuer les

(1) Moniteur.

fonderies et le Val-Carlos. Ce fut dans une de ces obscures rencontres si communes à la guerre de montagne que le capitaine Lamarque fut tué, l'armée y perdit un de ses meilleurs officiers, et la France un de ses plus intelligents défenseurs.

Don Ventura Caro poursuivait cependant l'exécution de ses projets. Il venait d'arriver le 13 dans les vallées, avec un renfort de 4,000 hommes empruntés aux corps de la Bidassoa et se prépara sans retard à attaquer Château-Pignon. Le peu de discipline et surtout la désertion lui rendait sa tâche facile ; il s'empara du seul chemin praticable à l'artillerie ; et le 1er juin à 9 heures du matin favorisé par un épais brouillard qui déguisait ses mouvements, il attaqua la division de gauche, réduite à 1,500 soldats avec 8,000 hommes d'infanterie de ligne, 200 chevaux et une puissante artillerie ; dix bataillons de milice étaient chargés de veiller à la sureté des fabriques d'Euguy et d'Orbaïcet (1). La position d'Urdenbarria fut assaillie par les troupes légères espagnoles, le capitaine Moncey qui était chargé de la défense de ce point, après avoir fait avertir le commandant, se mit à la tête d'une compagnie franche de Bordeaux (commandant Boudet), fit battre la charge, et étonna les Espagnols par la vigueur avec laquelle il les reçut. Il balaya ainsi le grand chemin jusqu'à la montagne de Mendibelea et mit en fuite un corps d'infanterie escortant 6 pièces de campagne, dont il s'empara.

Malheureusement, les secours qu'il attendait n'arrivèrent pas et il lui fut impossible de tenir davantage ; les Espagnols s'aperçurent en ce moment du petit nombre de combattants qui les tenaient en échec. Il fut alors attaqué de front, par une colonne légère appuyée de 6 pièces de canons dont 2 obusiers, tandis que la première et deuxième ligne de bataille qui venaient de se former en colonnes d'attaque, essayèrent de le tourner par une marche de flanc à droite et à gauche. Moncey se replia alors sur le camp où il ne trouva qu'une compagnie de grenadiers ; les Espagnols, faisant aussitôt avancer leurs batteries, attaquèrent Château-Pignon ; après une longue résistance une charge furieuse de deux escadrons du régiment de la Reine triompha de la ténacité des Français. Moncey se mit de nouveau en retraite ; il ren-

(1) Mém. du Citoyen B... — Marcill e dit que 4,000 Espagnols furent employés dans cette affaire ; les forces des Français s'élevaient, dit-il, à 4500 combattants.

contra bientôt le général Lagénetière qui accourait à pied de
Saint-Jean-Pied-de-Port « excédé », dit le Citoyen B... « par le
fatigue et la douleur que lui causé la défaite de l'armée il s'avança
« vers les chasseurs en leur disant: puisque je ne puis rallier les
« fuyards que je vienne au moins périr au milieu de vous » (1). Il
rassemble alors les chasseurs et les poste sur une petite hauteur,
mais, chargé en ce moment par la cavalerie espagnole victorieuse,
ses soldats sont dispersés et lui-même fait prisonnier : « il rendit
« son épée au capitaine D. Francisyo Vasquez. On l'accusa dans
« ce temps d'avoir émigré, parce qu'il était général et malheu-
« reux » (1).

Château-Pignon fut pris ; l'ennemi y trouva 2 pièces de canons,
1 pierrier et 11 caissons et il coucha le soir même sous les tentes
qu'avait abandonnées l'armée Française ; Ventura Caro, cloué
sur un brancard par une attaque de goutte, monta cependant à
cheval à la dernière affaire et dirigea ses troupes en personne, il
réussit ainsi à enlever ses soldats que commençait à lasser l'opiniâtre résistance des Français : ceux-ci eurent environ 100 tués
et 300 blessés ; les pertes des Espagnols furent presque nulles.

Desolimes qui, pendant ce temps, faisait une incursion dans la
vallée de Bastan, apprenant la déroute des Français, reconduisit
ses troupes si rapidement à Saint-Jean-Pied-de-Port, qu'il mourut
en route victime d'une insolation.

CHAPITRE IV

Le camp d'instruction de Bidart. — Division de Saint Jean Pied de Port. —
Positions des Français. Evacuation des Aldudes. — Prise de Château Pignon
— Inertie de Caro. — Camp retranché de Saint Jean Pied de Port. — Rapport du général Servan, son arrestation, Delbecq prend le commandement de
l'armée.

Les Espagnols parurent effrayés de leur audace, et Don Ventura
Caro arrêta la marche de son armée victorieuse à Orisson un peu
en deçà de Château Pignon. Maître des chemins et des cols qui lui
assuraient une prompte retraite dans la vallée, commandant des

(1) Mémoire du Citoyen B...

troupes supérieures en nombre et dont la force morale était pour ainsi dire doublée par leur dernier succès ; rien ne lui eut été plus facile que de se porter en une marche sur Saint Jean Pied de Port et l'enlever presque sans coup férir ; car, les troupes françaises, qui avaient cherché un refuge dans la ville, témoignaient de leur faiblesse par leur indiscipline et leur désorganisation. Il ne fit même pas une tentative sur Baïgorry, placé sur sa droite et à peine défendu par quelques compagnies franches, à cheval sur la route, qui ne lui eussent même pas offert l'ombre d'une résistance. A quoi attribuer cette inertie de l'armée Espagnole ? Il est difficile de croire que le gouvernement se fut à ce point mêlé des mouvements de ses armées, jusqu'à permettre au général Caro de s'emparer de Château Pignon en lui ordonnant de respecter Saint-Jean Pied de Port. Non, on ne peut accuser le gouvernement espagnol ; et tout le poids de cette faute militaire retombe toute entière sur le général Caro. « Tous les généraux en chef avaient « carte blanche, dit le duc d'Aleudia ; ils n'eurent qu'à exé- « cuter ce qu'ils avaient eux-mêmes proposés et ce que la Cour « avait approuvé d'avance ; ils étaient maîtres de modifier leurs « opérations suivant les circonstances rapides et variables de la « guerre » (1).

Du reste, ces mouvements eussent demandé la plus grande célérité ; deux jours après il était déjà trop tard ; un renfort de 5 bataillons arrivant à marches forcées du camp de Bidart vint rendre aux troupes la confiance qu'elles avaient perdue. Le général Dubouquet, chargé du commandement de la division de la gauche, prit d'une main ferme la direction de l'armée, son caractère prudent et son esprit méthodique le désignaient pour remplacer Lagenetière ; aussitôt arrivé il résolut d'établir à Saint-Jean-Pied-de-Port un camp retranché, où il pourrait, à loisir et sans crainte d'un retour offensif, réorganiser ses troupes, et leur donner surtout cette instruction militaire et ce respect de la discipline qui leur faisaient totalement défaut.

La petite ville de Saint-Jean-Pied-de-Port, sans être d'une importance stratégique capitale, résume cependant assez bien les voies de communication de cette partie des Pyrénées. Appuyée au

(1) Mémoires du Prince de la Paix Don Manuel Godoy, traduits en français par d'Esmérard, Paris Ladvocat, M.DCCDXXXVI. 4 vol. in 8°, p. 177, 178.

versant d'une montagne ; elle est en partie couverte par deux petites rivières : la petite Nive ou ruisseau d'Arnéguy qui prend sa source dans la vallée de Roncevaux, et la rivière de Béhérobie qui après avoir traversé la ville se jette dans la petite Nive, à quelque distance de Saint-Jean-Pied-de-Port. La ville, à cheval sur la route d'Espagne, commande en même temps les différentes voies de communication qui rayonnent autour d'elle ; elle est protégée du côté de la péninsule par une citadelle et un front bastionné.

Se servant de la ville comme de réduit, le général Dubouquet fit élever une ligne de retranchements, défendue par des redoutes dont les deux principales, celles de Picocury et de Curutchemendy, balayaient la route d'Espagne ; aidé dans ces différents travaux par un excellent ingénieur, il éleva en quelques jours des ouvrages suffisants, et qui lui permirent de se vouer entièrement à l'instruction des troupes. Il apporta dans ses travaux, dit un témoin oculaire, « l'empreinte de son caractère plein de méthode et de sagesse ».

Don Ventura Caro, loin de poursuivre son succès, évacua dès le 18 juin le camp de Château-Pignon ; et après en avoir enlevé l'artillerie et les munitions dont il s'était emparé, il se retira dans la vallée de Bastan, où les têtes de colonnes des troupes républicaines commençaient à se montrer sur plusieurs points ; pressentant en même temps une attaque sur son extrême gauche, il revint en toute hâte avec une partie de ses troupes sur la Bidassoa, où il se tint prêt à parer aux éventualités.

Du reste, depuis leur invasion en Labourd, les Espagnols montrèrent constamment une timidité propre à rendre courage aux Français. Caro s'était borné à ruiner complètement le petit fort d'Hendaye, après en avoir fait transporter toute l'artillerie sur la rive gauche de la Bidassoa ; il dissémina les troupes qu'il avait sur ce point du territoire, en une multitude de petits camps retranchés, mais ne se reliant pas les uns aux autres, et qu'il avait placés sur le bord de la mer, à la Croix des Bouquets, à la montagne de Louis XIV et à la pointe Ste-Anne ; il s'occupait aussi de rassembler à Irun les matériaux nécessaires pour jeter un pont sur la Bidassoa.

Cet état de choses engagea le général Servan à porter son armée en avant, et à reprendre l'offensive par un coup d'éclat ; il voulut exécuter une action d'ensemble, dans laquelle toutes les divisions de l'armée prendraient une part active. Trois divisions devaient par une attaque combinée faire hésiter les Espagnols sur le point où devait se porter tous les efforts des Français.

La première division devait pénétrer en Espagne par la vallée de Roncal ; une autre colonne forçerait les passages de la vallée de Bastan, pendant que la troisième division, dirigée par le général Servan en personne, devait attaquer les postes Espagnols en deçà de la Bidassoa. Ce beau plan avorta en grande partie ; les deux divisions de gauche et du centre se bornèrent à de simples démonstrations ; celle de Saint-Jean-Pied-de-Port trouva tous les défilés couverts par l'infanterie de ligne Espagnole, soutenue par des masses de paysans armés, ils occupaient les points de Navasques, Salazar, Lumbier, Sanguesa, Salvatierra et le pont d'Isava. Après s'être emparé du pic Guinvalette, les Français, suivant les auteurs espagnols, qui sont du reste seuls à mentionner ces faits, furent obligés de se retirer et même poursuivis jusqu'au village de Ste-Engrace, dont les troupeaux furent enlevés par les habitants de la vallée de Roncal (1).

Suivant Marcillac la colonne du centre déboucha dans la vallée de Bastan guidée par des paysans de Baïgorry ; après avoir surpris le poste espagnol du col d'Ispéguy, les soldats républicains furent à leur tour obligés de se retirer, étonnés de l'héroïque résistance qu'ils éprouvèrent.

Tout l'honneur de la journée revint à la colonne de droite ; nous laisserons parler le général Servan en reproduisant ci-dessous la lettre qu'il écrivit au citoyen Isabeau, représentant du peuple (2).

23 Juin,

« Citoyen représentant,

« Les Espagnols repoussés à Hendaye et à Jolimont, le 25 avril ; « arrêtés à Sare pendant plus de 3 heures, au nombre de 3,000 « hommes d'infanterie et 400 de cavalerie par 150 hommes du « 83me régiment ; repoussés deux fois à Castel Pignon par quel- « ques compagnies de chasseurs lorsqu'ils débouchaient sur « quatre colonnes fortes dans leur ensemble de 12,000 hommes

(1) Marcillac.
(2) Moniteur.

« au moins ; remplissaient leurs gazettes de l'orgueilleux récit de
« leurs prétendus exploits, tandis qu'ils ne devaient l'avantage de
« ces deux journées qu'à leur prodigieuse supériorité. J'ignore
« sur quel ton ils raconteront la journée du 23 ; mais je pense
« qu'elle peut être mise au nombre des journées heureuses qu'ont
« eues les armées de la république.

« Depuis que la faiblesse de nos moyens et le peu de troupes
« qui garnissaient cette frontière m'avait fait sentir l'impossibilité
« d'en défendre tous les débouchés, j'avais rassemblé toutes nos
« forces sur Bidart, laissant seulement à Ciboure, et à Saint-Pé
« quelques troupes pour couvrir en partie le pays que j'étais
« obligé d'abandonner. Cependant je m'occupais des moyens de
« prendre une position assez hardie en avant de Saint-Jean-de-Luz,
« lorsque Sain-Jean-Pied-de-Port menacé fortement me força de
« me dégarnir encore dans cette partie où il ne me resta plus
« que 10 bataillons et quelques troupes légères. Avec ce peu de
« moyens, obligé de défendre trois points importants, je persistai
« néanmoins à prendre la position que j'avais d'abord projetée, et
« qui seule pouvait me mettre à même de couvrir Saint-Jean-de-Luz
« et d'éclairer les débouchés d'Ascain, Berra, Urrugne et Socoa.

« Ce camp établi, ayant appris que nos ennemis se retranchaient
« à la croix des Bouquets, je pensai qu'il était important de les
« troubler dans cette opération et de leur faire repasser la Bidas-
« soa, ne fut-ce que pour quelque temps, l'impossibilité où j'étais
« d'occuper cette position, par rapport au petit nombre de troupes
« que j'avais sous mes ordres. En conséquence, je me transportai
« à Saint-Jean-de-Luz pour y faire les dispositions de cette attaque,
« que je fixai pour le 22 à la pointe du jour. Je la divisai en cinq
« colonnes dont quatre destinées à attaquer et une à servir de
« réserve. Les quatre colonnes attaquèrent en même temps les
« différents postes et camps occupés par les Catalans (les meilleures
« troupes d'Espagne); partout après un feu très vif, et malgré des
« retranchements, les ennemis furent repoussés, et camps, ainsi
« que tous les effets qu'ils renfermaient, furent enlevés. Mais les
« ennemis s'étaient retirés sur une hauteur dans un camp
« retranché nommé camp de Louis XIV, qui se trouve placé sous
« le feu de plus de 40 pièces de canon en batterie sur la monta-
« gne au delà de la rivière ; on leur avait en outre envoyé, du
« renfort. Aucune de ces raisons ne put ralentir les troupes, l'on

« résolut d'attaquer les retranchements et moins de 1,500 Français
« forcèrent plus de 1,500 Espagnols retranchés à fuir devant eux,
« à repasser la Bidassoa, et à couper le pont qu'ils avaient
« sur cette rivière. Quelques pièces de canon supérieurement
« servies, et qu'avait judicieusement placées l'adjudant Darnaudat,
« favorisèrent le succès de l'attaque, c'est là que cet officier, aussi
« zélé que brave, fut blessé à la cuisse d'abord, à la poitrine
« ensuite, et renversé de son cheval, c'est là que nous nous
« sommes emparés du 5ᵐᵉ camp et de tous ses effets, c'est
« là enfin que l'on vit un dragon du 18ᵐᵉ régiment disputer
« au colonel Willat l'honneur d'entrer le premier dans la
« redoute.

« Le colonel Willat, commandant l'avant-garde de l'armée et
« chargé ce jour là de l'une des colonnes d'attaque, a donné
« dans cette occasion des preuves de son intelligence et de sa
« valeur ordinaire. Le capitaine Latour d'Auvergne, commandant
« des grenadiers de l'armée, qui s'était déjà si fort distingué à
« l'affaire de Sare, a soutenu dans celle-ci la réputation qu'il
« s'était acquise depuis longtemps. Le colonel Lassalle, les lieute-
« nants-colonels Vigent et Tison, aussi commandants de colonnes,
« ont fait exécuter avec la plus grande intelligence les différentes
« manœuvres et attaques dont ils étaient chargés ; et les troupes
« se sont comportées avec la plus grande valeur.

« Tous les corps d'infanterie se sont distingués ainsi que les
« dragons qui ont donné les marques de l'audace la plus
« valeureuse ; et les gendarmes destinés à la réserve ont voulu
« prendre part aux dangers comme les autres et s'y sont portés
« avec beaucoup de détermination ; jamais le feu le plus vif n'a
« pu faire cesser le refrain chéri *Ça ira*.

« On ne saurait trop se louer du zèle, des services et de la
« bravoure des citoyens Larroux et Dalbarade, l'un et l'autre de
« la ville d'Andaye ; ils avaient bien voulu s'offrir pour servir de
« guides aux colonnes de droite et de gauche et ils combattirent
« avec une grande valeur.

                                  « Signé : Joseph SERVAN »

                          24 mai (Juin)

« Citoyen représentant,

« Ce n'était point assez de chasser les Espagnols. Ordre donné

« au colonel Willot ayant sous lui le lieutenant colonel Vigent,
« d'aller le 26 avec 600 hommes et des travailleurs sur la Croix des
« Bouquets dit le retranchement des Espagnols sans empêche-
« ment de la part de ceux-ci ; 50 hommes de la légion des monta-
« gnes et 10 dragons sont entrés à Hendaye et y ont été salués
« par toute l'artillerie de Fontarabie.

« J. SERVAN. »

La retraite des Espagnols fut si précipitée que les Français trouvèrent dans le camp un enfant de six mois qui fut envoyé au général Caro par un trompette.

On le voit par ce rapport, les pertes infligées aux Espagnols
dans cette affaire furent des plus minimes, une quarantaine d'hommes tués ou blessés furent en effet le seul résultat matériel obtenu ; mais un grand but moral était atteint, les soldats français
devaient reprendre par un succès la confiance que plusieurs défai-
tes successives leur avaient fait perdre, et si les Espagnols firent
encore quelques incursions sur la rive droite de la Bidassoa, du
moins ils n'y furent plus établis d'une manière permanente ; ils
laissaient aux troupes françaises une plus grande liberté d'action ;
et enfin, comme le fait observer le Citoyen B.., c'était en un mot
le premier succès que cette partie de l'armée eut encore obtenu.

Malgré cette victoire Servan fut bientôt destitué, arrêté et envoyé à Paris ; remplacé dans le commandement général de l'armée par Delbecq, le général Labourdonnaye prit sous ses ordres
la direction de la division de droite.

CHAPITRE V

Labourdonnaye commandant de la division de droite ; — attaque de Biriatu ; —
Destitution et arrestation de Servan ; — Desprez-Crassier est nommé général en
chef ; — Muller le remplace et le général Laroche est nommé chef de l'état-
major général de l'armée.

Le 5 juillet, Caro ayant enfin terminé ses préparatifs fit jeter un
pont sur la Bidassoa en aval d'Irun ; afin de protéger ce travail,
une forte colonne d'infanterie qui traversa la rivière fit mettre
bas les armes à deux compagnies du premier bataillon des chas-

seurs de montagnes. Ces braves soldats, s'étant trop avancés dans
le but d'inquiéter les travailleurs, enveloppés de toute part et
après une opiniâtre résistance, se rendirent aux Espagnols au
nombre de 30 hommes environ, ayant déjà eu trente des leurs
tués ou blessés.

Le général Labourdonnaye venait de prendre, comme nous l'a-
vons déjà dit, le commandement de la division de droite,cet échec
lui fut sensible ; il voulut à son tour reprendre l'offensive et résolut de tenter une attaque simultanée sur Biriatu et la montagne de
Louis XIV, qu'on lui avait dit être pourvue de travaux importants.

Le 13 juillet à midi, les Espagnols, forts de 4 ou 5 bataillons et
soutenus par deux escadrons, ébauchèrent une de leurs reconnaissances habituelles, ils arrivèrent sans encombre à la Croix des
Bouquets où ils se mirent en bataille, la cavalerie sur les ailes. (1)
Bientôt aperçus par l'avant garde commandée par Latour
d'Auvergne qui tout en se préparant à attaquer l'ennemi fit pre-
venir le général, Labourdonnaye se mit aussitôt à la tête des forces campées à Urrugne, d'un bataillon de renfort qui lui arriva de
Saint Jean de Luz, et attirant à lui toute la cavalerie disponible, il
marcha immédiatement à l'ennemi, pendant que Latour d'Auvergne à la tête de 4 compagnies de grenadiers se portait rapidement au village de Biriatu (2). En voyant ce déploiement de forces, les Espagnols de la Croix des Bouquets se retirèrent sans
combattre ; le général Labourdonnaye occupa cette dernière position, ainsi que la montagne de Louis XIV, où il put s'assurer
par lui-même qu'il n'y existait pas l'ombre d'un retranchement.

Tout ne se passait pas cependant d'une manière aussi pacifique
au village de Biriatu ; ce point avait aux yeux des Espagnols une
grande importance ; car, situé sur la rive droite de la Bidassoa, il
pouvait permettre aux Français, s'ils s'en fussent emparé, de détruire le pont qui relie les deux rives ; puis se- fortifiant sur ce
point ils eussent donné fort à faire aux batteries espagnoles de
St-Charles, d'Adriamendita et de Bidechabal, toutes les trois sur
la rive gauche de la Bidassoa.

Aussi le général espagnol,reconnaissant l'importance du village
de Biriatu, y avait-il fait construire quelques retranchements et

(1) Lettre du général Labourdonnaye au général en chef Delbecq, Moniteur.
(2) Grenadiers des Landes, de l'Aude, du 80 régiment et du Tarn.

fortement créneler l'église ; les troupes destinées à défendre ce point se composaient en partie des soldats de la sierra Morena commandés par Ubeda. Après avoir été reçu par un feu de mousqueterie des plus violents, les grenadiers, abordant les Espagnols à la baïonnette, les rejetèrent dans l'église ; mais, là, toutes leurs tentatives furent infructueuses ; stimulés par la froide bravoure de leur chef les grenadiers quoique accueillis par une vive fusillade, se ruèrent sur les portes entraînés par leur vaillant commandant. Celui-ci, une lourde hache au poing, faisait tous ses efforts pour briser la porte et triompher de la résistance que lui offrait l'ennemi ; il se vit bientôt obligé de battre en retraite, laissant une trentaine d'hommes sur le champ de bataille.

Il revint toutefois vers deux heures du matin faire une nouvelle tentative sur ce poste qui avait si bien su résister à son courage ; les Espagnols, renforcés à temps et toujours sur leurs gardes, le contraignirent de nouveau à se retirer. Depuis, le général Caro, se doutant que la persistance des Français à vouloir s'emparer de Biriatu avait pour but peut-être le commencement de leurs nouvelles opérations, y fit construire plusieurs fortes batteries et en confia le commandement à son neveu le marquis de la Romana.

Un certain nombre d'escarmouches sans résultat se succédèrent tant à la gauche qu'à la droite de l'armée et tout en tenant les troupes en haleine les habituèrent aux émotions et aux dangers du champ de bataille ; la réorganisation et l'instruction des soldats étaient le but des efforts de tous et tous s'efforçaient d'y participer, lorsqu'un incendie qui fut pendant quelques instants attribué à la malveillance éclata à Bayonne, et fit supposer à quelques-uns que les Espagnols avaient des intelligences jusques sur les derrières de l'armée (1).

(1) Nous, représentans du peuple français, près l'armée des Pyrénées Occidentales.

Considérant que les villes de Bayonne et du St-Esprit sont depuis quelque temps le repaire d'une infinité de scélérats sur lesquels les soupçons les plus graves se réunissent ; que c'est le centre de l'agiotage le plus vil, la source du discrédit le plus affligeant du papier monnaye, que les efforts de l'administration, de la société populaire et des bons citoyens ont été jusqu'à ce jour impuissants contre leurs perfidies et leurs crimes ;

Qu'il importe au salut public que dans cette ville, sur l'arrière de l'armée qui est le dépôt général de nos approvisionnements militaires en tout genre, une surveillance plus active et plus agissante exercée ;

Cet accident se produisit le 10 juillet vers 11 h. du matin ; le feu s'était malheureusement communiqué à deux barils de poudre, ils éclatèrent en faisant sauter la partie du Château Neuf qui fait face à la porte d'entrée ; les autres bâtiments furent ébranlés par la force de l'explosion, et toute la ville en ressentit une commotion des plus violentes ; quelques minutes plus tard, la générale battit et la population entière se porta sur le lieu du sinistre ; on parvint à l'aide des pompes de la ville à éteindre très promptement l'incendie qui s'était déclaré avec la plus grande violence ; le foyer ne se trouvait guère séparé des magasins à poudre qui regorgaient de munitions, et si le feu s'y était communiqué c'en était fait de la plus grande partie de la ville ; une quarantaine de soldats avaient été tués et ensevelis sous les décombres. Enfin une enquête fut immédiatement ouverte par les représentants du peuple, afin de savoir comment s'était déclaré ce sinistre et surtout s'il fallait l'attribuer aux ennemis de la République.

Parmi les différents petits combats dont nous avons parlé plus haut, et qui n'eurent d'autre résultat que d'aguerrir les troupes, nous devons citer un épisode qui donna lieu à un échange de lettres entre le général espagnol et les représentants ; lettres tellement typiques et qui expriment si bien les passions qui agitèrent cette

Vu surtout les avis officiels qui nous ont été transmis des trames ourdies par nos ennemis contre nos magasins et arsenaux ;

Vu que la ville de Bayonne est indiquée dans leurs correspondances, et désignée comme un point sur lequel une partie de leurs criminelles espérances doivent se porter ;

Vu les incendies des ateliers de l'artifice de l'artillerie arrivée le 10 juillet, des magasins renfermant des eaux de vie de l'armée arrivé le 2 août ;

Arrêtons comme une mesure de sureté générale que le général en chef de l'armée sera requis de mettre ces deux villes en état de siège jusqu'à ce que toutes les inquiétudes seront dissipées, et que la sureté des dépôts et magasins soit parfaitement établie.

La surveillance la plus active est recommandée surtout pour ce qui concerne les arsenaux, magasins et forts.

Les autorités civiles et militaires en ce qui les concerne demeurent responsables de l'entière exécution du présent dont l'extrait sera envoyé à la Convention nationale, au comité de surveillance, et proclamé dans ces deux villes.

Délibéré au camp de Belchenca le 16 août 1793 l'an 2 de la république française une et indivisible.

Signé : FERAND, GARRAU.

Pour copie conforme à l'original ; le général en chef :

DELBECQ

(Archives de Bayonne).

époque,que nous ne croyons pouvoir mieux faire que de les reproduire ici. A la tête de 4,000 hommes d'infanterie et de 400 dragons
le général Don Ventura Caro sortit sournoisement du camp d'Irun,
et débouchant par la Croix des Bouquets,vint se placer sur les hauteurs d'Urrugne.Les bataillons français, campés près de là, prirent
aussitôt les armes et se portèrent rapidement en avant : mais dans
leur précipitation, une compagnie de grenadiers s'étant un peu trop
écartée (1) vint donner dans la droite espagnole qui s'était étendue
de façon à envelopper les détachements qui commettraient quelque
imprudence. Ces derniers firent aussitôt un mouvement en avant,
mais ils furent arrêtés par les chasseurs et les grenadiers du 5ᵉ
bataillon d'infanterie légère ; voyant alors que leur démonstration
commençait à devenir dangereuse, ils ébauchèrent un mouvement de retraite qui fut bientôt changé en déroute, par une
charge à fond de 80 dragons du 18ᵉ régiment et de quelques gendarmes de la prévôté ; ces braves soldats, après avoir sabré une
soixantaine d'hommes, se rabattirent brusquement à droite et à
gauche, et coupèrent ainsi par cette manœuvre une partie du régiment de Léon qui s'enfuit, laissant entre leurs mains, le maréchal de camp Roussignac, le lieutenant colonel, 12 officiers et
195 hommes. Une soixantaine d'Espagnols furent tués ou blessés et Ventura Caro lui-même éprouva la plus grande difficulté à
échapper aux dragons ; le comte de Roussignac, considéré comme émigré, fut envoyé à Paris par les représentants : nous donnons ci-dessous les lettres échangées entre les deux partis au sujet d'une aussi importante capture.

Le général Caro, commandant l'armée Espagnole, au citoyen
Delbecq général en chef de l'armée Française.

A Irun, le 28 août 1793.

Le comte de Roussignac (prévenu d'émigration et envoyé par ordre du
ministre de la guerre, dans les prisons de l'abbaye à Paris) m'instruit qu'il
n'est pas traité avec la même considération que les autres prisonniers espagnols. Le comte de Roussignac a passé au service d'Espagne depuis plus
de dix ans, et est maréchal de camp des armées du roi. Je vous préviens
que si sa vie est en danger, celle du général La Génetière et celle de plus
de quatre mille prisonniers français répondront du traitement que vous lui
ferez éprouver.

(1) Citoyen B.... Moniteur.

Le général La Génetière est encore à Pampelune, sans autre garde que sa parole d'honneur ; mais voyant la rigueur avec laquelle on garde le général Roussignac, je donne ordre que l'on s'assure également du général La Génetière. Dieu vous garde beaucoup d'années.

Signé : VENTURA CARO,

Réponse de P. A. Garrau, représentant du peuple délégué à l'armée des Pyrénées Occidentales, à la lettre ci-dessus.

Au camp de Belchenea, le 1er septembre 1793.

Votre lettre, du 28 août dernier, au général en chef Delbecq, vient de m'être communiquée ; j'y réponds.

Dans le mois de janvier dernier, le tyran, votre maître, a eu l'imprudence de menacer de toute sa colère la nation française, si la tête de Louis Capet tombait. Cette menace ridicule produisit l'effet qu'elle devait naturellement produire chez un peuple libre et fier. Capet fut reconnu traître et sa tête tomba sur l'échafaud...... Croyez-vous que ce même peuple se laissera intimider aujourd'hui par les menaces que vous lui faites, vous, monsieur le général ? Si Roussignac est coupable, il sera puni ; ainsi le veut la loi ; et je vous déclare que si par cet acte de justice la vie de nos prisonniers était compromise, votre tête, celle de votre maître et de tous ses sujets en répondra à la France outragée. Un peuple qui combat l'Europe entière, qui la vaincra ou par la force des armes ou par celle de la raison, est au-dessus des jactances espagnoles et des bravades d'un général.

Le représentant du Peuple Français,
Signé : GARRAU.

Le mois de juillet ne fut pas des plus fertiles en opérations militaires, l'armée n'avait cependant pas cessé de faire des démonstractions et la division de gauche, après plusieurs tâtonnements réussit enfin à chasser les Espagnols de la montagne d'Ibagnet ; 1800 hommes cantonnés à Arnéguy (1), sur la rive droite de la petite Nive, menacèrent la vallée de Roncal de leurs invasions quotidiennes. La division du centre fit une seule tentative sur Zugarramurdi et Urdax et ne réussit qu'à piller et incendier ce dernier village.

Sur ces entrefaites, le général Delbecq mourut à Saint Jean de Luz et fut aussitôt remplacé par Desprez Crassier, qui pendant son

(1) Moniteur. — Mémoire du Cit. B... Archives de Bayonne.

passage éphémère au commandement de l'armée ne put lui aussi résister au désir de prendre Biriatu. Cette expédition entreprise avec des forces insuffisantes fut aussi vaine que les précédentes ; destitué à son tour, il fut enfin remplacé par le général Muller dont les connaissances militaires et surtout la prudence éprouvée donnèrent à l'armée des Pyrénées Occidentales cette cohésion et cet élan qui depuis ne l'abandonnèrent jamais.

Frégeville, général de division, prit sous ses ordres le commandement de la droite ; mais, la plus belle acquisition que fît cette armée, fut dans la personne du général de brigade Laroche, élevé aux hautes fonctions de major général de l'armée des Pyrénées Occidentales. Cet excellent officier qui a laissé si peu de souvenirs même dans l'armée à laquelle il donna la vie, est à notre avis un des types les plus extraordinaires de cette guerre, et mérite croyons-nous, une mention toute particulière.

Nommé dans le mois de juillet adjudant général, il se rendit à Pau pour y prendre le commandement d'un dépôt d'environ 4,000 recrues qui s'y trouvaient rassemblées : faire d'hommes indisciplinés et sans instruction militaire d'excellents soldats, ne fut qu'un jeu pour l'intelligent Laroche. Il s'occupa alors de pourvoir à la défense des cols et passages qui pussent permettre à l'ennemi de pénétrer par les vallées d'Aspe et d'Ossau jusqu'à Pau, et par celles de Gavarnie et d'Azun jusqu'à Tarbes; il sut éclairer tous ces passages de manière à mériter de ses chefs les plus grands éloges. Il apporta la même diligence pendant son séjour à Bayonne comme commandant de la place, lorsqu'il fut promu aux délicates et difficiles fonctions de major général. Il y arriva au moment où l'on éprouvait le plus grand besoin de sortir du chaos dans lequel on était plongé ; la discipline était sans vigueur, et ce qui augmentait encore l'esprit d'insubordination qui recommençait à régner dans la division de droite, était principalement l'arrivée d'un grand nombre de recrues provenant de la levée en masse qui, avec leur zèle et leur patriotisme mal entendu, fomentaient, sans s'en rendre compte, une indiscipline qui pouvait mettre l'armée dans le plus grand péril (1).

L'armée ne se composait, au début de la guerre, que de deux ou trois anciens corps de volontaires et d'un certain nombre de

(1) Corresp. du Général Laroche.

bataillons de réquisition ; Muller, admirablement secondé par le général Laroche, fit fonctionner avec vigueur les tribunaux militaires ; la discipline se rétablit promptement ; plus désireux de frapper le moral du soldat que de le livrer à la justice, le major général faisait mettre à l'ordre du jour de l'armée une condamnation du général en chef : « qui a condamné un soldat qui fut surpris sur la route de Bidart tirant inutilement des coups de fusil, « à passer pendant huit jours devant la garde montante avec un « écriteau devant et derrière portant la mention suivante : celui « qui dilapide ce qui sert à défendre sa patrie ressemble au « conspirateur qui veut la livrer » (1).

Il arrêta bientôt la désertion qui minait sourdement l'armée ; car, on avait vu des hommes et même des corps entiers retourner dans leurs foyers, sans que personne s'en occupât ; il fournit aux troupes les armes qui leur manquaient, et que par son esprit d'intrigue il sut arracher à l'état et aux départements (2). Ces différents travaux ne furent qu'un jeu pour l'intelligent général ; et on peut dire ici avec l'auteur de la biographie militaire du général Laroche (3), et répéter, en parlant de l'ordre et de l'activité qui régnaient dans les bureaux de l'état major, les paroles de Robespierre : « L'armée des Pyrénées occidentales est le bijou de nos armées. »

Travaillant avec la plus grande ardeur à la discipline de l'armée, à son instruction et surtout à son bien être, il ne cessait, d'adresser aux départements les lettres les plus énergiques et les pressait vivement d'instances réitérées ; les conjurant de former rapidement des bataillons, il leur disait : « armez-les de fusils de chasse, si vous manquez de fusils de calibre ; si vous manquez de fusils de chasse, armez les de piques ; dans des mains libres et vigoureuses toutes les armes deviennent terribles » (4). Il fut bientôt récompensé du patriotisme qu'il déployait en toute

(1) Corresp. du général Laroche.
(2) Inventaire des armes déposées par les sieurs Gaube et Descande à la maison commune : 8 républicaines de une liv. de balles avec affuts et garnies de leurs écouvillons, refouloirs, tire-bourre, dégorgeoir, etc.; 4 obusiers avec affuts, etc. ; 25 barils de boîtes à mitraille et de boulets. Ces diverses armes destinées d'abord à l'armement d'une corvette alors sur le chantier. — Le citoyen Joseph Cazenave fit hommage à la patrie de 142 boulets à raisin et 62 boîtes de mitraille du calibre de 4. Archives de Bayonne.
(3) Galerie Historique.
(4) Correspondance du général Laroche.

circonstance, en voyant les recrues affluer dans son camp ; les départements de la Haute-Garonne, du Tarn, du Gers, du Lot, de la Dordogne, des Landes, des Hautes et Basses-Pyrénées, se signalèrent à l'envie, par le zèle que déployèrent les administrateurs en envoyant des troupes à l'armée.

Cependant, ces différents travaux ne suffirent pas à son activité, et d'accord avec le brave et prudent Muller et les représentants du peuple, il conçut le projet d'avancer son camp et de s'emparer de tout le pays compris entre Bidart et la rive droite de la Bidassoa. Il sut trouver dans le général Lespinasse un digne lieutenant. Celui-ci que nous avons déjà vu commandant l'artillerie à Bayonne, fut appelé à commander l'artillerie de l'armée ; il se rendit près des généraux Muller et Laroche, avec lesquels il étudia soigneusement le terrain sur lequel il comptait asseoir le nouveau camp.

CHAPITRE VI

Le camp de Bidart est porté en avant. — Camp des Sans-Culottes et redoute de la Liberté. — Opérations et nouvelle tentative sur Biriatou.

Trois bataillons vinrent, dans la nuit du 10 au 11 novembre, s'établir sur une hauteur entre Urrugne et la Croix des Bouquets. Ce point, déjà connu sous le nom d'Hermitage de Ste-Anne, devint plus tard célèbre sous celui de camp des Sans-Culottes. Commandant sur la gauche, la route d'Espagne et d'ailleurs défendu sur ce point par un large ravin, ce point très-important et dont les puissants reliefs se voient encore de nos jours, étendait ses feux par sa droite jusqu'à la mer, ses communications parfaitement assurées avec St-Jean de Luz.

L'aspect des tentes, que les Espagnols aperçurent au soleil levant, les frappèrent d'étonnement ; ils ne bougèrent cependant pas, dit le citoyen B..., et laissèrent le petit corps français formant l'extrême avant-garde se fortifier tranquillement. Le colonel Lespinasse, chargé par le général Frégeville du commandement de ce camp, apporta dans ce travail une prudence et une science admirables ; successivement renforcés, les 3,000 hommes qui l'occupaient étaient encore trop peu nombreux pour en défendre tous les points, et le nombre des demi-brigades qui se trouvaient à Bidart trop restreint, pour espérer pouvoir en augmenter rapidement l'effectif.

Le colonel se mit donc promptement à l'œuvre, un bataillon de pionniers formé par ses soins, sur les vives recommandations du général Laroche, vint combler une lacune, comme malheureusement il en existait encore beaucoup dans cette armée; il établit bientôt une succession de redoutes tracées en retraite les unes sur les autres, qui quoique souvent attaquées par l'ennemi, lequel essaya souvent de bouleverser ces ouvrages, reçurent enfin leur complément de défense en hommes et en artillerie.

Ce système se composait de trois redoutes reliées entr'elles par des batteries et des tranchées de communication, qui, en facilitant la circulation aux défenseurs, devaient les mettre hors des vues de l'ennemi; la redoute de l'extrême gauche dite de la Liberté était couverte par un certain nombre de redans construits en échelons et formant un système de défense aussi complet que la nature du terrain le permettait. Le camp terminé présentait un front d'une lieue et demi et se trouvait relié à la mer par Latour d'Auvergne et ses grenadiers; celui-ci ne cessait de fatiguer les Espagnols en aguerrissant ses soldats par des escarmouches presque journalières.

Le 20 novembre, les Français concentrèrent quelques troupes à Ainhoa et au village de Sare; ils faisaient craindre à Caro par ces rassemblements une attaque sur son centre. Le général espagnol averti à temps les prévint, mais pendant qu'il les faisait reculer devant ses nombreux bataillons, les Français détachèrent une colonne d'infanterie qui s'empara successivement de l'hermitage de la Pointe du Diamant, du plateau de la Croix des Bouquets et emportée par son élan se dirigea rapidement sur Biriatu qu'elle espérait emporter d'un coup de main; elle fut reçue encore une fois par un si violent feu d'artillerie qu'elle se retira aussitôt, abandonnant même les quelques positions conquises dans la journée.

Quoique l'hiver, fut des plus doux et permit encore par sa clémence de ne pas interrompre complètement les opérations et les escarmouches quotidiennes, on doit considérer la première campagne comme terminée; l'avantage que les Espagnols eurent au début de la guerre et qu'ils durent en partie à la mauvaise qua-

lité des troupes qu'ils avaient eu à combattre, commençait à
être racheté par la solide instruction que les Français recevaient
tous les jours. Nous ne ferons point ici l'histoire des fautes stra-
tégiques commises par l'armée espagnole, nous en avons parlé plus
haut ; on verra maintenant après quelques tâtonnement l'armée
française ressaisir l'avantage, entrer en Espagne et ne plus s'arrêter dans ses conquêtes qu'à la paix.

CHAPITRE VII

Campagne de 1794. — Projets du général Laroche. — Envoi de troupes aux
armées des Pyrénées Orientales et de l'Ouest. — Journée du 17 pluviose —
Lespinasse est nommé général de division. — La légion de St Simon et la
division de Saint Jean Pied de Port. — Expédition du général Mauco.

La campagne de 1794 s'ouvrit sous les plus heureux auspices,
un combat brillant reconforta le moral des troupes, et montra
aux chefs ce qu'ils pouvaient espérer avec de tels soldats. Mais
auparavant, le 5 décembre (15 primaire an 2), le général Laroche qui ne voyait pas sans impatience l'état d'immobilité de l'armée, présenta, dans un conseil de guerre tenu chez les représentants du peuple, un plan d'attaque qui, débutant par l'envahisse-
ment du Bastan et l'occupation de Vera, Irun et Fontarabie, ten-
dait à une occupation générale du Guipuscoa et d'une partie de la
Navarre. On obtenait ainsi, pour résultat, de reporter la guerre
sur le territoire étranger et de vivre à ses dépens. Quoique approuvé par le comité du Salut Public auquel ce plan fut envoyé,
le ministre de la guerre Bouchotte qui n'aimait pas l'armée des
Pyrénées Occidentales, sut sinon en empêcher, du moins en
retarder l'exécution ; il ordonna l'envoi d'un corps de 8,000 hommes à l'armée des Pyrénées Orientales et à l'armée de l'Ouest(1).
La première de ces armées reçut la 39e et la 14e demi brigade ainsi
que le bataillon n° 8 de la Gironde ; l'armée de l'Ouest reçut le 4e
bataillon du Lot-et-Garonne et un bataillon de chasseurs. Avec
son effectif restreint par le départ de ces troupes, la droite de l'armée ne pouvait plus tenter de grandes choses ; on continua cepen-

(1) Corresp. du général Laroche.

dant à travailler aux fortifications du camp ; les Espagnols, de leur côté, élevèrent des ouvrages considérables sur les pentes de la montagne de Louis XIV, qu'ils armèrent de batteries de mortiers et de pièces à longue portée, dont le tir incessant incommodait beaucoup les travailleurs français.

Le général Frégeville transmit le 3 février 1794 (15 pluviose) au colonel Lespinasse, l'ordre exprès du général en chef d'aller détruire les retranchements élevés par les Espagnols sur cette montagne. Il fut immédiatement obéi et les retranchements complètement rasés, quoique les Espagnols fissent pleuvoir de la rive gauche de la Bidassoa, une grêle de boulets et d'obus qui mirent quelque désordre parmi les travailleurs ; mais, dit l'auteur auquel nous empruntons cet épisode : « Il serait difficile de peindre le « courage et le sang-froid des vieux soldats et des jeunes volon- « taires, qui à peine échappés des bras de leurs mères pour voler « à la défense de la patrie, démolirent tranquillement, en se « jouant, les retranchements ennemis, malgré la chute des glo- « bes enflammés, qui tombaient et éclataient autour d'eux.

« Lespinasse se plaçait, pendant ce travail, sur les points les « plus élevés des ouvrages espagnols, pour encourager les Fran- « çais et les contenir par sa présence. Les destructeurs des ou- « vrages que l'on complimentait sur l'intrépidité calme qu'ils « avaient montrée en cette circonstance, répondirent que leur « colonel leur avait recommandé l'immobilité par la sienne » (1).

Ventura Caro ne voulut pas laisser plus longtemps les Français jouir de ce petit succès, et voyant surtout que ses mouvements devenaient de jour en jour plus restreints par les nouveaux retranchements que faisait élever le colonel Lespinasse, il se décida, enfin, à tenter une attaque générale sur la droite de l'armée. En conséquence, le 5 février 1794 (17 pluviose) fut choisi pour cette démonstration ; quatre nouveaux régiments venant de Toulon (2) étaient arrivés renforcer son armée et mettaient de son côté la supériorité numérique. Les forces qui devaient tenter cette attaque, s'élevaient environ à 13,000 hommes d'infanterie, 700 hommes de cavalerie et une puissante artillerie ; divisées en cinq colonnes, ces troupes bien conduites eussent pu faire beaucoup dans cette journée si heureuse pour les armes françaises.

(1) Galerie Historique.
(2) Moniteur.

Quoiqu'il en soit, le 5 février au matin, les troupes espagnoles s'ébranlèrent avec ensemble ; la première colonne, après avoir forcé le poste du Rocher, se mit en bataille sur le Calvaire. Cette division venait de Vera et, commandée par Don José Urrutia, devait selon les ordres du général passer au Calvaire en longeant la croupe de la Rhune, s'emparer d'Urrugne et couper avec sa cavalerie la route de Saint Jean de Luz, elle eut ainsi tourné la gauche française et puissamment contribué à la victoire ; mais, selon les auteurs espagnols, elle éprouva un retard si considérable causé par le mauvais état des chemins, qu'elle fut obligée de stationner sur le plateau du Calvaire pour s'y rallier. La deuxième colonne suivant le dos d'âne, se dirigea sur Urrugne ; la troisième déboucha de la montagne de Louis XIV sur la Croix des Bouquets ; la quatrième marcha sur la position dite le Café Républicain ; la cinquième se porta sur le plateau en avant d'Hendaye (1).

En un instant, tous les retranchements furent attaqués avec une extrême violence, la colonne qui marchait sur la Croix des Bouquets, s'empara bientôt de cette position et de la batterie qu'on venait d'y élever ; la colonne de l'extrême gauche attaqua par le flanc les batteries françaises, pendant que 10 pièces de canon que les Espagnols établirent sur le plateau de la Croix des Bouquets, foudroyèrent le camp des Sans-Culottes ; le désordre fut à son comble dans les camps républicains et si, en ce moment, le général Espagnol eut continué son mouvement par le flanc, la retraite se fut probablement changé en déroute.

On se rappelle que le colonel Lespinasse avait établi ses ouvrages en retraite, les uns commandant les autres ; en se voyant attaqué aussi brusquement et par des forces supérieure, le brave colonel se garda bien de faire secourir ses premières lignes attaquées ; il laissa au contraire les défenseurs se replier en arrière, toujours combattant ; les forces françaises se concentrèrent ainsi peu à peu dans la redoute de la Liberté où les soldats républicains cherchèrent un asile. Les Espagnols fiers de leur premier succès n'hésitèrent pas à attaquer cet ouvrage qu'ils abordèrent du reste avec la plus grande bravoure, mais contre laquelle vinrent échouer tous leurs efforts.

(1) Moniteur. — Soraluce, Histoire de Guipuzcoa. — Corresp. du général Laroche. — Archives de Bayonne.

Cette redoute, défendue par quelques pièces de canon sous les ordres du capitaine Léglise et par les troupes qui avaient déjà combattu au début de l'action, s'environna de feux comme un volcan ; des bataillons entiers furent rompus par d'effroyables coups de mitraille ; le régiment irlandais d'Ultonia perdit dans cette attaque une grande partie de son effectif ; ce fut au moment où, attaqué pour la deuxième fois avec une bravoure qui ne fut égalée que par celle des défenseurs, le colonel Lespinasse, qui se portait partout où le danger était le plus pressant, vit arriver le général Frégeville qui accourait de Saint Jean de Luz. Ce général refusa de prendre le commandement que voulut lui remettre Lespinasse : « Non dit-il : Tu en as si bien usé ; achève ton ouvrage et que la France te doive cette belle journée toute entière » (1).

Bientôt les Français profitant de l'indécision qui commençait à se manifester parmi les assaillants, sautèrent par dessus les retranchements et les chargèrent vigoureusement à la baïonnette; le colonel Lespinasse appuya le mouvement avec deux pièces de 12, deux de 4 et deux obusiers de six pouces, 700 hommes d'infanterie furent tous les renforts qu'il obtint dans cette journée ; le feu dura jusqu'à midi et les Espagnols battirent en retraite en s'attribuant la victoire (2). Ils furent assez vivement poursuivis, sur la gauche, par les grenadiers et le 1er et 2e bataillon de la 5e demi-brigade d'infanterie légère ; les pertes des Français s'élevèrent à 60 ou 80 morts et à 155 blessés ; les Espagnols perdirent environ 600 hommes (3).

Parmi les officiers qui se distinguèrent dans ce combat, il faut citer Moncey qui quoique malade contribua vaillamment à la victoire, le commandant des grenadiers Jacob Roucher et le colonel Lespinasse ; le brave Latour d'Auvergne se conduisit avec son héroïsme ordinaire.

Les troupes qui se distinguèrent plus particulièrement furent : le 2e bataillon du Tarn et les chasseurs de Montagne ; le 4e bataillon des Landes oublié dans le rapport du général Frégéville (4), se conduisit avec la plus grande bravoure ; mais nous devons

(1) Galerie Historique.
(2) Marcillac — Gaceta de Madrid.
(3) Moniteur.
(4) Moniteur. Rapport du général Frégeville au général en chef Muller.

citer un des épisodes les plus remarquables de cette mémorable journée et que nous empruntons au *Moniteur Officiel*.

« Aux premiers coups de canon qui se sont fait entendre, tous
« les prisonniers près le tribunal militaire de Chauvin Dragon (1)
« ont fait presser le général de leur donner la permission d'aller
« combattre ; leur prière était si vive et si souvent réitérée qu'ils
« ont obtenu cette permission ; l'un d'eux était officier, il se pré-
« sente à leur tête, il répond de tous et tous jurent de vaincre.
« Arrivés au champ debataille, ils sont en effet vainqueurs et pour
« accomplir leur serment ils reviennent, déposent leurs armes,
« rentrent dans les prisons et reprennent leurs fers ; les moins
« coupables seront libérés » (2).

Le héros de cette journée était le colonel Lespinasse ; grâce à ses habiles dispositions, l'ennemi vit échouer ses efforts au pied des retranchements qu'il avait élevés et qui résistèrent au plus épouvantable feu d'artillerie que les Français eussent encore essuyé dans cette guerre (3) ; en récompense de ses services, les représentants du peuple le nommèrent général de brigade sur le champ de bataille ; le 30 du même du mois le brevet lui fut expédié contenant la flatteuse mention honorable suivante : Les représentants du peuple, etc...

« Considérant que ce n'est pas seulement dans la direction de
« l'artillerie que le citoyen Lespinasse s'est rendu recommanda-
« ble, mais qu'il a déployé, dans toutes les occasions, des con-
« naissances rares dans la tactique militaire, surtout dans la belle
« journée du 17 pluviose, où, chargé en chef de la défense du
« camp des Sans-Culottes, il a donné ses ordres avec tant de jus-
« tesse, qu'on lui doit le succès de cette mémorable affaire. Arrê-
« tent : que le chef de brigade Lespinasse est nommé général de
« brigade » (4).

Et cependant, le même jour où il était nommé général sur le

(1) Saint Jean de Luz prit le nom de Chauvin Dragon, en souvenir d'un dragon nommé Chauvin et qui fut tué aux premières affaires ; Saint Esprit près Bayonne prit aussi le nom de Jean Jacques Rousseau ; il y eut aussi à Bayonne une rue Marat ; et le pont Pannecau prit le nom de Jean Jacques Rousseau. Archives de Bayonne.
(2) La Convention Nationale décréta qu'ils seraient graciés. Moniteur.
(3) Les Espagnols estiment le nombre de coups de canon qu'ils tirèrent dans cette journée à 3,884. Cit. B...
(4) Galerie Historique. Archives de Bayonne.

champ de bataille, il fut suspendu de ses fonctions par ordre du comité du Salut-Public ; il quitta aussitôt l'armée et se retira dans ses foyers. Cet exil ne devait pas être de longue durée, car on ne tarda guère à lui rendre justice et moins d'un mois après il fut de nouveau envoyé à l'armée des Pyrénées Occidentales avec le grade de général de division, commandant en chef l'artillerie de l'armée.

La journée du 17 pluviose peut être regardée comme le dernier retour offensif sérieux tenté par les Espagnols ; à partir de cette époque, ils devaient essuyer revers sur revers ; nous passerons sur plusieurs combats sans importance et dont la répétition pourrait fatiguer le lecteur ; nous donnons cependant ci-dessous un rapport circonstancié extrait du *Moniteur* relatant une attaque subie par la division de gauche et qui nous démontre que, malgré son échec précédent, le général Caro n'avait pas perdu tout espoir de porter la guerre sur le territoire français.

Lettre du représentant du peuple auprès de l'armée des Pyrénées Occidentales (4).

Bayonne le 10 floréal l'an 2

« On vient de donner une nouvelle leçon aux Espagnols ; ils
« ont voulu tater la division de Saint Jean Pied de Port ; après
« avoir incendié quelques maisons il a été repoussé.

« Le 7, au point du jour, l'Espagnol attaqua tous les points de
« la division de Saint Jean Pied de Port ; il tomba d'abord sur le
« poste de Darneguy, défendu par deux compagnies basques, qui
« furent forcées, après une vaillante défense, de céder à une force
« supérieure. Elles se replièrent en bon ordre, après avoir perdu
« un seul homme, sur le poste du rocher d'Arrola et sur celui de
« Roqueluche. Dans le même moment, une colonne ennemie,
« composée de 4,000 hommes d'infanterie et d'un escadron de ca-
« valerie, conduisant un mortier de siège et un canon de gros
« calibre, se présenta à la descente de Blanc-Pignon et arriva sur
« la crête de Roqueluche, où elle se mit en bataille. Le feu fut
« vif de part et d'autre ; mais quand les Espagnols ont vu nos
« braves militaires, ennuyés de la fusillade, aller sur eux au pas

(4) Moniteur. t. 20. p. 398.

« de charge, la baïonnette en avant, leur courage a commencé à
« les abandonner ; ils ont pris la fuite, et nos soldats les ont pour-
« suivis jusqu'à Blanc Pignon. Quoique nous ignorions leurs
« pertes, nous pouvons assurer qu'elle a été considérable ; car
« nos soldats, en les poursuivant, leur tiraient à bout portant. Un
« homme tué et trois blessés, telle a été la nôtre. Tel a été le suc-
« cès au poste défendu par Mauco.

« Voici quel a été celui à ceux occupés par nos troupes sous
« le commandement de la Victoire. Le poste d'Irameaca fut atta-
« qué à 3 heures du matin par la légion des émigrés, fortes de
« 700 hommes, par les volontaires de Navarre, par les miliciens,
« quelques émigrés et déserteurs basques, qui descendirent des
« Aldudes par la rive gauche de la rivière qu'ils passèrent à gué.
« Les soldats qui défendaient le poste firent une résistance prodi-
« gieuse ; forcés de céder au grand nombre, ils se replièrent en
« bon ordre et furent prendre poste aussi sur le rocher d'Arrola.
« Les Espagnols attaquèrent ce nouveau poste de tous les côtés
« avec furie ; mais 400 hommes, commandés par l'adjudant gé-
« néral Harispe, les ayant tournés avec vivacité, les attaquèrent
« avec une telle vigueur qu'ils les forcèrent sur le champ à la
« retraite, qu'ils exécutèrent avec la plus grande peine. Cette in-
« fame légion d'émigrés a laissé 80 de ces scélérats sur le car-
« reau ; 17 ont été faits prisonniers ; ils arrivent dans ce mo-
« ment, et le soleil ne se couchera qu'après avoir vu ces mons-
« tres expier leurs forfaits sur l'échafaud.

« Nous avons fait quelques prisonniers.

« Les habitants de cette partie du pays basque sont beaucoup
« plus patriotes que ceux de Saint Jean de Luz et Sare et Ascain,
« que nous avons été obligé d'interner pour leur empêcher de
« correspondre avec l'ennemi.

                              « CAVAIGNAC et PINET AÎNÉ »

Avant d'aller plus loin, nous devons donner quelques éclaircissements relatifs à cette légion d'émigrés français.

Le marquis de Saint Simon, grand d'Espagne, et qui s'était déjà
fait remarquer par sa conduite en Virginie, fut chargé par le roi du
commandement d'une légion dans laquelle prendraient place tous
les émigrés français en Espagne. Ce corps devait prendre le nom
de Légion Royale des Pyrénées. Mais Don Ricardos, commandant

l'armée Espagnole de Catalogne, formant de son côté le bataillon de Vallespir et la Légion de la Reine, tous deux composés
d'émigrés, la légion Royale des Pyrénées dont l'effectif montait à
4,000 hommes environ, fut envoyée à l'armée de Navarre, où don
Ventura Caro, après les avoir fait camper longtemps sur la frontière, les mit enfin en présence des Français dans l'attaque de la
division de Saint Jean Pied de Port, et, afin que le lecteur soit à
même de faire la part d'exagération qui se glissait souvent dans
les rapports des représentants à la Convention, nous donnons
plus bas une seconde version de ce combat empruntée toute entière à de Marcillac.

« Le marquis de St Simon occupait avec sa légion le poste de
« Choiro, à quatre lieues sur la gauche de Burguette. Ce poste
« couvrait la fonderie de boulets, établie dans la fabrique d'Eu-
« guy. Il fut chargé de culbuter les postes ennemis en avant de
« Baygorry, et devait être soutenu par des détachements qui cou-
« vriraient sa droite en occupant le mont d'Argarai et le col de
« Eunzarai ; sa gauche était garantie par les troupes de la vallée
« de Bastan, qui occupaient les hauteurs reversant sur les Aldu-
« des. Dans la nuit du 26 avril, il se mit en marche : la nuit était
« obscure ; les Français avaient coupé le chemin qui passait sous
« un de leurs postes avancés qu'il fallait tourner pour surprendre
« leurs postes principaux. Il fallait donc traverser les montagnes
« par des sentiers d'une aspérité effrayante. Le premier des
« éclaireurs ne s'apperçut pas de la coupure faite au chemin ; il
« tombe sur des rochers, et se brise. — D'Assas, entouré par les
« ennemis, brava la mort, et sauva l'armée en appelant ses sol-
« dats par ce cri d'honneur, *A moi, Auvergne.* — Ce brave légion-
« naire, dans un état de souffrance qu'on peut imaginer, contient
« ses gémissements, surmonte la douleur qu'il éprouve ; et par
« son silence héroïque couvre la marche de la légion Royale que
« ses cris eussent décélé. Ce poste de cent hommes est dépassée,
« et ce n'est qu'à la pointe du jour que ses sentinelles aperçoi-
« vent l'arrière garde du marquis de St Simon.

« L'alarme est aussitôt donnée par le feu de ce poste : les Fran-
« çais sont sous les armes, mais le marquis de St Simon enlevait
« le pont sur la Banca, et s'avançait en silence et avec rapidité,
« dans un défilé qu'il fallait traverser pour arriver au village de
« Banca. Les hauteurs de ce défilé étaient garnies par les enne-

4

« mis ; une grêle de balles pleut sur la légion, mais ne l'arrête
« pas. Ayant traversé le village de Banca, elle trouve un poste
« fortifié dans des rochers et renforcé la veille. Le feu des Fran-
« çais redouble alors en front et sur les flancs de la légion ; mais
« ces braves royalistes, dont les trois quarts voyaient le feu pour
« la première fois, sans tirer un seul coup de fusil, se précipitent
« la baïonnette en avant sur le poste républicain. Le massacre
« fut horrible ; l'opinion politique qui divisait les Français ani-
« mait aussi les deux partis ; c'était une fureur qui les portait
« moins à se vaincre qu'à se détruire. Le poste est enfin enlevé
« aux cris de vive le roi ; les ennemis se replient, et sont pour-
« suivis la baïonnette dans les reins ; six postes sont enlevés de
« cette manière et la légion se trouve en face de la montagne
« d'Adorza, couronnée des troupes qui avaient été culbutées, qui
« s'étaient ralliées et mises en bataille sur le sommet de cette
« montagne. Ces troupes étaient couvertes par le fort d'Arola,
« dont le feu prenait la légion par le flanc gauche. Mais rien n'ar-
« rête l'impétuosité de cette troupe d'élite ; plus il y a de dangers
« à surmonter et plus elle entrevoit des lauriers à cueillir. La
« montagne d'Adorza est enlevée aussi à la baïonnette, et les en-
« nemis se retirent dans le fort.

« Le marquis de Saint Simon n'avait pu faire marcher avec lui
« une seule pièce d'artillerie, à cause des chemins ; il était de-
« puis quinze heures en marche ou en combat ; sa légion étant
« harassée de fatigue, il se contenta de masquer le fort d'Arola
« et de contenir les troupes qui s'y étaient réfugiées afin de les
« empêcher de se porter sur le flanc du général Caro, qui, avec
« sa division commandée par le duc d'Ossuna, faisait, en per-
« sonne, une incursion dans la vallée de Baygorry, et avait pris
« une position avantageuse sur les hauteurs de Saint Michel, à
« une portée et demie de canon de Saint Jean Pied de Port. Cette
« incursion favorisait l'attaque du brigadier don Carlos Masdeu
« sur les villages d'Arnéguy et d'Andarolle, tandis que sur la
« droite le marquis de la Canada Ibagnez, avec les troupes pos-
« tées à la fabrique d'Orbaiceta, s'était étendu sur un rayon
« de deux lieues sur le territoire français. Comme le but de cette
« expédition n'était qu'une représaille pour l'incendie du bourg
« de Valcarlos et des fermes environnantes, Don Ventura avait
« ordonné qu'on mit le feu à toutes les fermes, sur un espace

« de six lieues. Quatre cents furent brûlées, ainsi les villages d'Ar-
« néguy et d'Andarolle. Don Ventura, instruit de ces résultats,
« donna alors l'ordre de la retraite. Celle du marquis de Saint
« Simon devenait difficile, car les Français s'étaient reportés par
« une contre-marche sur les hauteurs dont ils avaient été culbu-
« tés, et dominaient ainsi les chemins par où la légion devait
« passer. Il fallut de nouveau braver la mort ; mais le calme et le
« bon ordre, joints à l'intrépidité et à l'expérience des deux offi-
« ciers qui furent détachés pour couvrir cette retraite dangereuse,
« sauva la légion Royale, et elle rentra dans son poste couverte
« de gloire, mais ayant à pleurer la perte de beaucoup de braves.
« Les corps qui devaient protéger la légion étaient restés en po-
« sition de défense suivant l'ordre qu'ils en avaient reçu. Sans
« me permettre de juger la conduite de ces officiers, il me semble
« qu'il est des circonstances dans lesquelles, sans déroger à cette
« obéissance passive si utile dans le militaire, on peut, je dirai
« même, on doit prendre sur soi d'interpréter l'intention du géné-
« ral, qui est de lier tellement ses opérations que tous les corps
« se soutiennent et se prêtent un mutuel secours, surtout lorsque
« le mouvement qu'on fait à cet effet ne peut nuire à l'ensemble
« des opérations générales. Les commandants espagnols ne pen-
« sèrent pas ainsi ; ils s'en tinrent à l'ordre de garder leur posi-
« tion, et le marquis de Saint Simon dut à son courage et à la
« froide intrépidité de ses légionnaires de pouvoir traverser le
« défilé au milieu des balles qui pleuvaient de tout côté. Plusieurs
« officiers généraux, au nombre desquels était le général Urrutia,
« s'étaient portés sur les hauteurs d'Ispéguy, d'Elovieta et de Is-
« tanz, pour tenir les Français en échec, et les empêcher de se-
« courir les troupes attaquées par le marquis de Saint Simon ; ils
« furent témoins des succès de la légion Royale, et ils rendirent
« les témoignages les plus flatteurs de sa conduite.

« Différents des autres peuples étrangers, les Espagnols ont
« toujours rendu justice à la valeur de ces chevaliers de l'hon-
« neur, qui versaient leur sang pour des causes étrangères à la
« leur, croyant servir leur roi et leur patrie. On utilisait leur
« bravoure et leur dévouement ; mais une secrète jalousie rete-
« nait les éloges qu'on devait aux exemples qu'ils donnaient. —
« Que fût devenu cependant l'armée Anglaise en Hollande après
« la retraite de Dunkerque, sans le corps français qui la couvrit

« et l'empêcha d'être tantôt surprise, tantôt taillée en pièces ? Que
« fut-il arrivé à l'armée autrichienne sans le corps du prince de
« Condé, qui protégeait si souvent ses retraites ? Pour prix de ces
« services les Allemands surtout, abreuvaient les émigrés qui les
« servaient de dégoûts et d'injustices, que ceux-ci supportaient
« avec un héroïsme non moins appréciable que celui d'aller au
« feu. Fiers de leur conduite, ils trouvaient dans leur conscience
« l'unique récompense d'une conduite à l'abri de tout reproche.

« On fit plusieurs prisonniers dans cette affaire. Don Ventura
« Caro ordonna qu'on les renvoya, en leur faisant connaître et
« en les chargeant de notifier aux leurs, qu'il n'avait qu'à regret
« fait incendier les villages et fermes françaises; qu'il désirait que
« les généraux républicains adoptassent un mode de guerre con-
« forme aux principes de l'humanité, et qui ne le mit pas à même
« de faire de semblables représailles que son cœur réprouvait. »

Les représentants n'imitèrent pas la générosité du général espagnol ; les prisonniers de la légion Royale furent sans doute
envoyés à Paris pour y être jugés ; car, malgré toutes nos recherches, l'exécution sommaire dont ils étaient menacés parait ne pas
s'être effectuée dans le pays ; du moins, ils ne figurent pas sur les
listes des personnes exécutées dans le département (1).

Lors de cette affaire, la division de gauche avait subi les plus
grands changements sous le rapport des chefs ; Dubouquet destitué avait été remplacé par Delalain, auquel succéda Mauco général
de division.

Le but de cette précédente attaque était de désoler le pays et
d'incendier les fermes aux environs de Saint Jean Pied de Port ;
déçus dans leur espoir, les Espagnols forcés à la retraite virent à
leur tour quelques jours plus tard le général Mauco, à la tête de
1,500 hommes d'infanterie et de deux pièces de canon, essayer
vainement de brûler l'établissement qu'ils avaient fondé à Irati
sur la lisière de la forêt et qui leur servait à l'exploitation et à
la garde de celle-ci.

(1) Vie de M. Daguerre par M. L'abbé Duvoisin. — Cabinet historique

CHAPITRE VIII

Préparatifs d'invasion. — Tendance vers le Bastan. — Le général Caro réclame des secours. — La vallée de Bastan et ses ressources. — Positions occupées par les Espagnols. — Prise des cols d'Ispéguy et de Berdaritz par les Français. — Mort du général La Victoire.

Des opérations plus importantes devaient bientôt commencer ; les représentants du peuple Pinet et Cavaignac, jaloux des succès remportés par les autres armées de la République, ne cessaient de presser le prudent Muller de prendre enfin une vigoureuse offensive. Celui-ci temporisait autant qu'il était en son pouvoir, car il attendait des renforts qui devaient lui arriver de la Vendée ; déjà, il s'était procuré les cartes topographiques qui manquaient alors à presque tous les généraux et qui traitaient plus spécialement de la partie du pays qu'il désirait envahir ; sa correspondance avec son chef d'état major atteste de la rareté des documents de ce genre et de tous les efforts faits par les deux généraux pour les augmenter et les améliorer ; presque réduit aux cartes de Cassini et de Roussel, le major général avait précédemment obtenu l'envoi d'un ingénieur géographe qui fut attaché en cette qualité à l'armée des Pyrénées Occidentales, où il rendit les plus grands services (1).

Les ordres exprès des représentants du peuple et l'ardeur sans égale qui animait ses troupes vainquirent les derniers scrupules de Muller ; il fit donc ses préparatifs d'attaque ; l'action devait être générale ; l'armée toute entière devait y concourir et ce n'était pas trop de tous ses efforts pour surmonter les obstacles qui s'élevaient devant elle.

Le plan, déjà présenté par le major général Laroche, fut adopté ; ce général, récemment destitué par le comité du salut public, avait proposé de commencer les opérations par la prise du Bastan, vallée enclavée étroitement dans le territoire français, sa prise devait permettre aux assaillants de nourrir une partie de l'armée avec les grains qu'elle produit en abondance ; en même temps, par une marche de flanc on faisait tomber les formi-

(1) Correspond. du général Laroche.

dables défenses d'Irun et de Vera qu'on prenait ainsi à revers ; l'ennemi se trouvait alors dans la plus grande incertitude, car il ne savait s'il devait se porter sur la vallée de Roncevaux et sur Pampelune pour les couvrir, ou concentrer toutes ses forces sur les formidables lignes de la Bidassoa sur lesquelles il avait fondé de si grandes espérances.

Les opérations qui devaient commencer à l'extrême gauche par la prise des cols de Berdaritz et d'Ispeguy et la possession du col de Maya, se préparaient avec activité ; les mouvements des troupes ne pouvaient cependant s'opérer sans que le général Caro n'en eût été instruit, car des espions habiles lui rapportaient fidélement et l'arrivée des troupes qui ne cessaient d'accroitre tous les jours les effectifs de l'armée républicaine et le résultat des efforts que faisaient les représentants du peuple pour augmenter l'armement et l'approvisionnement ; tout, enfin, lui faisait prévoir des hostilités prochaines que ses faibles troupes ne lui permettaient pas de repousser. Il écrivit au roi pour lui dépeindre la situation et lui demander des secours, et, s'adressant lui même à la junte de Guipuzcoa, il lui proposa une levée en masse ; les états s'y opposèrent, croyant sans doute que les efforts qu'ils avaient déjà faits étaient suffisants pour repousser un ennemi dont on avait déjà éprouvé l'impuissance.

L'armée française était enfin prête et en état d'ouvrir la campagne par une vigoureuse offensive ; l'ensemble des opérations était : la prise des cols qui donnaient un libre accès dans la vallée de Bastan ; le couronnement du col de Maya, puis par Biriatu et Vera on s'emparait des lignes de Saint Martial ; Irun et Fontarabie étaient enlevés d'un coup de main ; le Passage tombait à son tour entre les mains des Français et l'on arrivait en une marche sous les murs de Saint-Sébastien qui, croyait-on, n'était pas en état de supporter les rigueurs d'un assaut. On verra comment ce plan si beau dans son ensemble fut fidèlement exécuté dans tous ses détails et comment tout se passa ainsi que le général Laroche l'avait indiqué et prévu.

La vallée de Bastan offre, depuis le col de Maya jusqu'à celui de Velate, une étendue de 25 kilomètres environ ; excessivement resserrée sur plusieurs points, cette belle vallée est bornée à l'est, par les vallées de Baïgorry et des Aldudes ; au nord, par le Labourd ; à l'ouest par les Cinco-villas et la vallée de Lerins ; au sud par la vallée de Lanz. Outre l'ancienne petite ville de Maya, elle renferme une quinzaine de villages. Sa population qui s'élève environ à 7,000 âmes, vit heureuse et tranquille dans cette riante vallée qui produit avec assez d'abondance du froment, du maïs, des fruits en grand nombre, principalement des pommes ; les laines et les bestiaux sont l'origine de son principal commerce. Cette vallée devait offrir aux troupes françaises de nombreuses ressources en munitions de toute sorte ; mais, avant de s'en emparer, il fallait nettoyer les Aldudes et prendre les positions nécessaires pour déboucher en plusieurs colonnes sur les cols de Berdaritz qui couvraient les Aldudes, le col d'Ispeguy et celui de Maya ; ces positions aux mains des Français, les débouchés de la vallée leur appartenaient entièrement ; Pinet et Cavaignac partirent immédiatement pour Saint Jean Pied de Port afin d'électriser les soldats par leur présence.

Les points qu'il s'agissait d'enlever aux Espagnols, étaient formidables ; fortifiés par eux à loisir ils avaient couvert d'ouvrages la montagne d'Ourisca qui couvre Berdaritz, et l'avait couronnée d'une très forte redoute ; le col d'Ispéguy avait été rendu presque imprenable par la construction d'ouvrages en pierre qui en couronnaient les sommets ; enfin, ces différentes positions étaient commandées par une puissante redoute avec un réduit crénélé, à cheval sur le chemin de Berdaritz ; de nombreux abattis complétaient le système. Le duc d'Ossuna avait été chargé de la défense de ces cols avec la légion Royale des Pyrénées, 300 chasseurs aldudiens et 300 hommes du régiment de Zamore. Le col de Maya qui devait être le point de concentration des trois colonnes françaises, était complètement dépourvu de retranchements; sa seule défense consistait en un vieux fort en pierre hors de service.

Le 3 juin, 3 colonnes partirent ensemble de Nive franche et attaquèrent à peu près à la même heure les cols de Berdaritz, Ispéguy et Maya. La première de ces colonnes, forte d'environ 1,500 hommes et commandée par le général La Victoire, devait s'emparer de Berdaritz, tandis que 800 hommes feraient une démonstration sur les Aldudes.

La deuxième colonne, sous les ordres du colonel Lefranc, devait opérer au col d'Ispeguy ; et le général de brigade Castelvert devait marcher sur le col de Maya ; le général Susamicq avec 4,000 hommes devait par des marches occuper les Espagnols et les empêcher d'accourir au secours des points menacés. La première colonne marcha 14 heures de suite par un étroit et rude sentier, elle n'arriva que vers 9 heures du matin à la montagne d'Ourisca ; sans accepter le moindre repos, les soldats pleins d'ardeur demandèrent immédiatement le signal de l'attaque. Un feu terrible partit des redoutes occupées par les Espagnols, les représentants du peuple stimulant les Français leur font prendre le pas de charge ; le feu redouble. En cet instant le général La Victoire est renversé à la tête de ses troupes : il fut immédiatement remplacé par Harispe commandant le 2ᵉ bataillon basque, celui-ci rassemble les soldats républicains et tous ensemble sautent dans la première redoute qui, armée de deux pièces de 12, les couvrent de mitraille ; mais, un baril de poudre qui sauta au milieu des défenseurs les obligèrent à évacuer cet ouvrage et à se réfugier dans la seconde redoute. Celle-ci, ayant à son centre une maison crénelée qui lui servait de réduit et qu'on appelait la maison forte (casa fuerte), paraissait offrir un obstacle presque invincible aux Français dépourvus d'artillerie ; mais, au moment où ils se préparaient à l'attaquer, les canonniers attachés à la colonne ayant réussi à déenclouer une des pièces de 12 qui se trouvaient dans la première redoute, un coup de canon ébranla aussitôt la maison forte et les soldats républicains se précipitant à l'assaut terminèrent par la prise de celle-ci une journée si glorieuse (1). Le colonel, 27 officiers et 200 soldats du régiment de Zamora restèrent entre les mains des Français ; les pertes de ceux-ci furent presque nulles. « Le général La Victoire » dirent les représentants du peuple, « aussi intrépide que bon républicain, a été « blessé au premier feu qu'a fait sur nous la première redoute ; « le jeune Harispe, l'ayant remplacé dans son commandement, « s'est conduit avec beaucoup d'intelligence et de sang-froid ; il « n'est pas douteux que c'est à la manière dont il a dirigé l'attaque et à la confiance qu'il inspirait à l'armée que nous devons « le succès ; nous avons cru devoir le mettre à même de rendre « les plus grands services à la République en l'élevant au grade « supérieur ; c'est dans la première redoute de Berdaritz que « nous l'avons nommé général chef de brigade ; nous espérons « que la Convention Nationale nous approuvera » (2).

(1) Moniteur. — Mém. du Cit. B... — Marcillac. etc.
(2) Moniteur.

La seconde colonne, dirigée sur Ispéguy et commandée par Lefranc, chef de la 40° demi brigade, pénétra par la gorge d'Elorieta
et emporta les rochers fortifiés ; les Espagnols, successivement
débusqués de ces ouvrages et de Bustanceley, se retirèrent pré-
cipitamment sur Errazu, abandonnant entre les mains des vainqueurs le matériel des camps et une centaine de prisonniers. La
3ᵉ colonne qui avait pour objectif le col de Maya n'obtint pas le
même succès ; d'abord repoussée, elle fut très promptement renforcée par les colonnes victorieuses de Berdaritz et d'Ispéguy ;
mais les Espagnols, comprenant enfin l'importance de cette position, y concentrèrent les troupes qui campaient aux environs : un
bataillon d'infanterie de ligne couvrit les points menacés et défen-
dit l'hermitage de Saint Michel en avant de Maya, pendant qu'u-
ne colonne de grenadiers gardait Orrimendi. Une seconde attaque
des Français n'obtint pas un plus grand succès.

Parmi les pertes que les Français eurent à déplorer nous devons citer celle du brave général La Victoire, blessé mortellement
à la tête de ses troupes. La mort de ce brillant officier donna lieu à
l'un des épisodes les plus curieux de cette guerre. M. l'abbé Duvoisin raconte dans sa *Vie de M. Daguerre* le fait suivant, que nous
reproduisons en entier sans cependant savoir où il l'a puisé. « La
« terrible mission de Pinet aîné et de Cavaignac durait encore,
« quand arriva un évènement qui parut alors fort extraordinaire,
« et que nous ne croyons pas devoir passer sous silence. Il y avait
« dans l'armée des Pyrénées Occidentales un homme qui, après
« avoir débuté par être tailleur d'habits, avait été porté par les
« circonstances, des derniers rangs de la milice, au grade de gé-
« néral de brigade. Ce soldat de fortune avait sous ses ordres
« trois bataillons de chasseurs basques qui faisaient partie de
« l'armée. Ayant pris position sur les hauteurs de Bidarray, il en-
« tre le 5 prairial an II (3 juin 1794, dans l'église du village dé-
« pouillée de ses ornements comme toutes les autres églises, fait
« rompre deux bénitiers de pierre restés intacts, enlève deux
« tableaux et un christ sculpté qui s'y trouvaient encore, place le
« christ à une certaine distance, et commande à ses soldats de
« s'exercer à la cible en le prenant pour but. Les chasseurs, ré-
« voltés de cet ordre impie, n'obéirent qu'en murmurant et en
« prenant soin de tirer de manière à ne pas toucher la cible. Un
« d'entr'eux cependant, ou plus maladroit ou plus téméraire que

« les autres, finit par atteindre le christ au ventre à la grande sa-
« tisfaction du général.

« Dans la soirée de ce même jour, la redoute de Berdaritz de-
« vait être attaquée par les Français. Les chasseurs basques, d'or-
« dinaire gais et bruyants quand il fallait marcher au feu, furent
« ce jour là d'une tristesse et d'un silence qui étonnèrent tout le
« monde. Néanmoins, aussitôt que le signal est donné, ils s'élan-
« cent comme des lions et emportent la redoute. Mais, dès les
« premiers coups de feu, le général était tombé frappé au ventre,
« juste à l'endroit ou le christ avait aussi été atteint. Les soldats
« ne doutèrent point que ce ne fût là un vrai châtiment du ciel.
« Le général survécut cinq à six jours à sa blessure ; on aurait
« dit que la Providence s'était plu à lui conserver assez de temps
« la vie, pour qu'il devint manifeste que le coup de feu dont il
« mourrait correspondait à celui qui avait percé le christ de Bi-
« darray. Ce malheureux avait été transporté dans l'ancien pres-
« bytère de Baïgorry ; et c'est là qu'il expira dans la matinée du
« 21 prairial, au milieu des plus atroces douleurs. Son corps fut
« enterré, non point dans une terre bénite par la prière, mais
« bien au pied de l'arbre de la liberté. Nous avons nous même
« passé naguère sur ce lieu, et nous avons regardé partout autour
« de nous, pour trouver quelque trace de cette sépulture ; mais
« nos yeux n'ont rien pu découvrir. L'arbre de la liberté lui mê-
« me a disparu, et les paysans du village foulent aujourd'hui
« d'un pied indifférent la terre qui recouvre les ossements du gé-
« néral révolutionnaire. »

M. l'abbé Duvoisin qui ajoute en note que ce général n'était pas
originaire du Midi, ne paraît pas avoir connu un fait du même
genre relaté dans une très énergique lettre du représentant
Monestier du Puy de Dôme à ses frères d'armes et aux citoyens
formant la société républicaine et montagnarde d'Aignoua (sic)
Cette lettre, insérée d'abord dans le travail de M. Soulice (1),
puis publiée par M. Vinson (2) dans ses mélanges de Linguistique, contraste curieusement par la grossièreté de son

---

(1) Essai d'une Bibliographie du dép. des B. Pyrénées, période révolutionnaire, 1789-1800, Soulice, 1874, p. 53.
(2) Mélanges de Linguistique et d'anthropologie par A. Hovelaque, Emile
Picot et Julien Vinson. Paris, E. Leroux, 1880, in 12, 330 p.

style avec les lettres des différents représentants que nous
avons déjà eu l'occasion de citer.

CHAPITRE IX

Préparatifs d'invasion. — Retour offensif des Espagnols. — Prise des cols. —
Moncey commandant la division de gauche. — Proclamation des représentants.
— Retraite des Espagnols. — Prise de Maya et d'Elizondo. — Occupation
d'Echalar.

Quelques jours s'écoulèrent dans une tranquillité relative, les
Français opérant de nouvelles concentrations et Don Ventura
Caro attendant tous les jours des renforts promis depuis longtemps
mais qui n'arrivaient jamais. La leçon qu'il venait de recevoir eût
dû lui profiter, et si au lieu de vouloir conserver à tout prix la
vallée de Bastan qu'il voyait devoir bientôt lui échapper, il eût
promptement rassemblé les troupes qu'il avait sous ses ordres, il
eût pu en former un corps d'une certaine importance, et avec la
liberté de manœuvre qui lui était laissée par son gouvernement,
attaquer avec plus d'efficacité la droite ou la gauche de l'armée
française. Quoi qu'il en soit, il préféra attendre et laisser ses troupes éparpillées depuis l'Aragon jusqu'au golfe Cantabrique ; mais
voulant avant tout parer le coup qu'il croyait devoir lui être porté
dans le Bastan, il songea à le prévenir en attaquant l'extrême
droite de l'armée ; il espérait par cette manœuvre obliger le général français à rappeler les troupes qui menaçaient son extrême
droite ; alléguant des rapports faits par des déserteurs français, il
crut que les positions de l'armée républicaine entre Saint Jean de
Luz et Hendaye étaient dégarnies d'une partie de leurs défenseurs envoyés pour renforcer la division de gauche. S'autorisant
de cet état de choses, il résolut une attaque générale.

En conséquence, il chargea Don Ventura Escalante, major général de l'armée espagnole, de suivre avec une forte colonne les hauteurs de Vera, et d'attaquer la montagne de Mandale ; le marquis
de la Romana dût se diriger par Biriatu sur le rocher du Diamant
et sur le mont Vert ; et enfin à l'extrême gauche, le lieutenant

général Don Juan Gil devait attaquer les hauteurs d'Hendaye, ayant sa gauche appuyée par deux chaloupes canonnières (1).

Les Français furent en effet attaqués le 23 juin (5 messidor) : à la pointe du jour, 8,000 hommes d'infanterie et 500 cavaliers, appuyés par quelques pièces de canon, s'ébranlèrent en trois colonnes. Escalante à la tête de ses troupes enleva bravement le poste de Mandale non sans une résistance héroïque des défenseurs ; les Français se mirent en retraite avec quelque désordre et défendirent successivement le Calvaire et le rocher d'Urrugne, mais ils furent obligés de se replier de nouveau devant la supériorité numérique des Espagnols. Cependant le combat changea bientôt de face ; les Français furent rejoints au-dessous d'Urrugne par le général de brigade Roucher, commandant l'avant-garde, qui accourait à la tête d'une forte colonne d'infanterie ; il rallia les fuyards et faisant sonner le pas de charge il enleva les positions déjà conquises par les Espagnols et les força à se retirer. L'attaque de la colonne du centre commandée par la Romana n'obtint qu'un succès éphémère. La troisième colonne, sous les ordres de Don Juan Gil, se divisa en deux fractions ; l'une d'elles dirigée, avec intelligence par le colonel du régiment d'Ultonia Don Francisco Comesfort, se porta rapidement sur les hauteurs d'Hendaye et s'empara du poste du Rocher qui fut longtemps défendu par les grenadiers ; quoique menacés de front et sur les flancs, ces braves soldats, l'élite de l'armée, opposèrent la plus grande résistance ; l'autre partie de cette colonne, après avoir attaqué la croix des Bouquets, commençait à repousser les avant postes, quand enfin le général Merle, prenant 500 hommes au camp des Sans-Culottes et une centaine de chasseurs à la redoute de la Liberté, les forma en deux colonnes, et marcha à l'ennemi en essayant de le déborder ; mais celui-ci, abandonnant les positions si difficilement conquises, se hâta de repasser la Bidassoa, laissant entre les mains des Français une quarantaine de prisonniers parmi lesquels 1 lieutenant colonel et 4 capitaines. Les Espagnols perdirent dans cette journée 500 hommes tués ou blessés ; les Français n'eurent que 30 morts et 200 blessés (2). Don Ventura Caro, épouvanté par ce nouvel échec, se retrancha dans ses lignes et y attendit les évènements.

(1) Marcillac — Archives de Bayonne.
(2) Marcillac.-Citoyen B...-Moniteur.-Lettre du général Frégeville.

Ils devaient bientôt se précipiter avec une rapidité telle que l'armée espagnole ne pouvait prévoir. La division Française de gauche venait d'assurer ses conquêtes, en occupant solidement ses nouvelles positions ; deux bataillons campaient dans les redoutes de Berdaritz ; un troisième fut envoyé à Mizpira ; tandis que le col d'Ispéguy fut mis à l'abri de toute démonstration par le 3ᵉ et le 4ᵉ bataillon des Basses Pyrénées soutenus de 2 compagnies basques. Si on consulte la carte de cette partie des Pyrénées, on verra combien cette division devait inspirer de crainte aux ennemis ; dominant pour ainsi dire la vallée de Bastan il lui était également facile de s'emparer de la vallée de Roncevaux et de menacer Pampelune ; ou bien se rabattant sur sa droite elle pouvait se porter par quelques marches rapides sur Vera et faire tomber les importantes lignes de la Bidassoa.

Caro venait de s'apercevoir un peu trop tard de sa situation, aussi périlleuse pour son armée que pour le territoire espagnol qui allait être envahi sous peu ; il proposa, paraît-il, l'abandon du Bastan et songea à se réfugier dans les montagnes en évacuant des positions qu'il prévoyait ne plus pouvoir garder ; mais tous ses efforts furent inutiles ; le roi répondit à ses instances par une proclamation engageant ses fidèles Bastanais à s'armer pour repousser l'ennemi. Don Ventura Caro, voyant les forces des Français augmenter tous les jours et se sentant dans l'impossibilité de résister, offrit alors sa démission; acceptée par le conseil royal, on lui donna pour successeur au commandement en chef le vieux comte de Colomera.

Aussitôt investi de ces fonctions, ce général, au lieu de faire les plus grands efforts pour débusquer les Français des formidables positions qu'ils occupaient, crut parer à toute éventualité en établissant sur la bonne position d'Arquinzu, à gauche de Berdaritz, la légion Royale des Pyrénées et les restes du régiment de Zamora ; ces troupes, braves mais peu nombreuses, furent chargées de la difficile mission de surveiller Berdaritz et Mizpira, tout en couvrant la Fonderie et les derrières de la vallée de Bastan. Tandis que le général de division Moncey qui venait d'être nommé au commandement de l'armée de gauche, recevait un renfort de 20 compagnies de grenadiers commandés par Latour d'Auvergne, le marquis de Saint Simon qui n'avait que 1,613 combattants, devant des forces aussi supérieures se hâta de demander 2,000 hommes au quartier général ; malheureusement pour lui ce renfort lui fut refusé.

Il fut attaqué le 10 juillet (22 messidor), par 4,000 hommes d'infanterie divisés en deux colonnes et venant des Aldudes et de Berdaritz. L'une des colonnes, commandée par le général Digonet, devait attaquer de front, tandis que la seconde qui se composait des grenadiers de Latour d'Auvergne, devait tourner la position et la prendre à revers ; pas un Espagnol n'eût échappé à cette attaque conçue avec tant d'intelligence et menée avec tant de sangfroid par la seconde colonne. Mais le jour venant à poindre, le général Digonet, craignant que l'ennemi ne vint à prendre l'alarme, brusqua le mouvement et donna le signal de l'attaque. La légion des émigrés attaquée de front offrit une belle résistance qui toutefois cessa bientôt, lorsqu'on aperçut la seconde colonne arrivant en toute hâte à travers les bois ; les Espagnols s'enfuirent aussitôt abandonnant sur le champ de bataille 150 légionnaires et 93 soldats du régiment de Zamora ; parmi les émigrés 49 furent pris vivants quoique blessés et exécutés dans la suite (1) ; la caisse, les tentes, les vêtements et tout le matériel de campement tomba entre les mains des Français ; le marquis de Saint Simon reçut en soutenant la retraite une balle qui lui entra par les reins et lui traversa la poitrine. « Malgré cette horrible blessure, » dit M. de Marcillac, « il continua à commander sa « troupe tant que le feu dura. Des flots de sang remplaçaient dans « sa bouche les ordres qu'il donnait. L'officier qui était en tête « de la colonne ennemie s'en étant aperçu, cria à ses soldats : « Ne tirez plus, nous le tenons. Les deux troupes étaient si rap- « prochées, que le marquis de Saint Simon entendit cet ordre ; « mais toujours plein de courage et de fermeté, il se retourne, et « répond au commandant républicain : « Non pas encore : viens « me chercher si tu l'oses. Un peloton de grenadiers de la légion « se forma alors derrière son général, et par son intrépidité « arrêta la colonne ennemie assez de temps pour qu'on pût sau- « ver le marquis, qui ne se laissa poser sur un brancard que « lorsque les troupes qu'il commandait furent hors de la portée « des ennemis. »

Toujours poursuivis par les Français, les restes de ces corps ne

(1) Marcillac — Citoyen B...

s'arrêtèrent qu'à Irurita sur la route de Pampelune ; tous les cols
qui donnent accès dans la vallée de Bastan, se trouvèrent alors
entre les mains des Français. Les trois divisions de l'armée des
Pyrénées Occidentales, la gauche, le centre et la droite, devaient à
cause de leurs positions respectives attaquer simultanément. Ces
différentes attaques devaient avoir lieu dans l'ordre suivant.

La division de gauche, général Moncey devait avec 13 bataillons,
800 chevaux, 2 obusiers de six pouces, 2 canons de 8 et 4 de 4
s'emparer de la vallée ; la division du centre, commandée par le
général de division Delaborde, devait avec seulement 9 bataillons
enlever les formidables positions du Comisary et de Vera. Enfin,
le général Frégeville avec 9 bataillons, 2 escadrons de cavalerie et
une puissante artillerie avait pour mission de bombarder Fontarabie, répondre aux batteries de Saint Martial et passer la Bidassoa,
aussitôt que les divisions de gauche et du centre auraient opéré
leur concentration à Véra.

Le général espagnol Urrutia, chargé de la défense de la vallée
de Bastan, avait environ 4,000 hommes d'infanterie abrités dans
des redoutes et derrière de bons retranchements. On a depuis
fait à cet officier les plus grands repproches sur son immobilité
en quelque sorte forcée ; on eût voulu le voir avec le peu de troupes de ligne qu'il commandait accomplir de grandes choses, et
sacrifier ses soldats à la reprise maintenant inutile des cols de
Berdaritz et d'Ispeguy. L'auteur émigré, auquel nous empruntons
quelques-uns de ces commentaires, y voit beaucoup plus juste,
quand il reproche non sans amertume au comte de Colomera de
n'avoir pas su dans ce péril extrême concentrer par quelques
marches rapides la partie la plus active de son armée, et réunissant ainsi sous son commandement un seul corps d'un effectif
bien supérieur à chacune des trois divisions françaises, saisir le
moment favorable pour essayer de les détruire en détail ; mais
le général espagnol était vieux, son armée démoralisée ; et par
dessus tout la routine de la vieille stratégie à laquelle il était ac-
coutumé, ne lui permettait pas de risquer dans des mouvements
qui lui parurent sans doute périlleux la seule armée que son pays
pouvait sur ces frontières opposer alors à l'ardeur des Français.

Quoiqu'il en soit, la division de gauche qui devait commencer
le mouvement, avait à s'emparer avant tout d'un poste en avant
de son front et qui pouvait gêner la marche de son artillerie ; les

conventionnels Pinet et Cavaignac suivaient toutes les opérations, toujours aux points les plus périlleux, ils ne cessèrent de donner le meilleur exemple aux soldats qu'ils encourageaient par leur présence ; Garrau était resté à la division du centre avec le général Delaborde. Le 24 juillet (5 thermidor) les travailleurs français étaient occupés à l'ouverture d'un chemin praticable aux convois et à l'artillerie, lorsqu'ils furent brusquement attaqués par les Espagnols qui, déployant un front de bataille assez étendu, essayèrent de gravir les hauteurs gardées par les Français ; mais les grenadiers qui se trouvaient en soutien des pionniers accoururent ; on fit avancer une pièce de 8 et un obusier ; l'ennemi qui ne voulait que surprendre les travailleurs et non livrer un combat, se retira aussitôt.

L'attaque générale n'en eut pas moins lieu le lendemain 25 juillet (6 thermidor). La division Moncey déboucha en quatre colonnes dans la vallée de Bastan : la première, par Ispéguy, était commandée par le général de brigade Digonet à la tête de 3 bataillons, 300 chevaux et deux pièces de 4 ; la seconde déboucha par Berdaritz avec 3 bataillons, sous les ordres du chef de brigade Lefranc ; la troisième avec Harispe et deux bataillons par le col d'Ariete au dessous d'Ispeguy ; la quatrième, comprenant le reste de la division c'est-à-dire 5 bataillons, 500 chevaux et l'artillerie, était commandée par le général de brigade de Castelvert ; l'infanterie légère était sous les ordres de Latour d'Auvergne qui devait déboucher par Maya. Les Conventionnels, le général Moncey et le commissaire ordonnateur Dubreton marchaient avec l'état major (1). Mais, la veille de l'invasion de la vallée, on lut dans les différents camps deux proclamations des représentants du peuple, que nous reproduisons ci-dessous, recommandant aux soldats, sous peine de mort, le respect des habitants et des propriétés.

« Les représentants du peuple près l'armée des Pyrénées Occidentales, aux braves soldats qui composent cette armée.

« Braves soldats ! il est donc arrivé ce moment si longtemps « désiré, attendu avec une si vive impatience, ce moment où la « brave armée des Pyrénées Occidentales, s'élevant enfin au-des- « sus de tous les obstacles que la malveillance avait fait naître

(1) Cit. B...-Moniteur.

« autour d'elle pour la condamner à la nullité, vä prouver à l'Eu-
« rope qui la contemple qu'elle est la digne sœur des armées du
« Nord et du Midi ; qu'à leur exemple elle vengera la patrie, ter-
« rassera les despotes et immolera leurs satellites ; que, comme
« elles, après avoir purifié la terre de la liberté, souillée par la
« présence des esclaves, elle ira porter les armes triomphantes
« de la République sur le territoire ennemi, et y faire flotter l'é-
« tendard tricolore.

« Soldats de la liberté, destructeurs de la tyrannie et du fana-
« tisme, vous devant qui tous les trônes s'écroulent, vous que le
« flambeau de la Raison précède, vous qui donnez à l'univers, à
« la postérité, l'exemple étonnant d'un peuple aussi juste que
« courageux, aussi grand que redoutable, aussi magnanime que
« terrible, votre destinée est à jamais fixée : par vous la liberté,
« que le fanatisme et le despotisme avaient chassée du milieu des
« peuples, va voir son empire rétabli, et le bonheur du genre hu-
« main sera votre ouvrage.

« En pénétrant sur le territoire ennemi, braves soldats ! ce
« n'est pas votre courage, votre énergie et votre dévouement à la
« patrie que nous vous rappellerons ; vivant au milieu de vous,
« partageant vos travaux et vos dangers, vos représentants vous
« connaissent ; ils savent que vous n'eûtes jamais besoin d'être
« stimulés pour voler au combat ; mais nous vous répétons,
« chers camarades, ce que le peuple français a proclamé partout :
« Guerre aux châteaux ! paix aux chaumières ! guerre aux tyrans
« et à leurs satellites armés ! paix au citoyen paisible, à l'humble
« toit de l'indigent, à la demeure du laboureur utile et de l'arti-
« san laborieux ! Les despotes et leurs noirs suppôts ont diffamé
« le peuple le plus généreux ; c'est à notre conduite à faire taire
« la calomnie. Qu'ils apprennent, les tyrans et leurs valets, que
« la cruauté fut toujours l'apanage des esclaves et de leurs maî-
« tres ! Le soldat de la liberté, terrible envers les ennemis qui lui
« résistent, ne tourne jamais ses armes contre l'homme sans dé-
« fense, contre le citoyen paisible, qu'il regarde plutôt comme un
« frère à protéger que comme un ennemi à combattre. A ces mo-
« tifs puissants sur vos cœurs, tirés de la grandeur du peuple
« français et de la cause sublime que nous défendons, nous en
« ajouterons un autre d'un grand poids auprès de vous : l'intérêt
« de la République.

5

« Les scélérats couronnés qui, en violant les droits sacrés de
« l'humanité, ont voulu nous détruire, doivent être l'objet du juste
« châtiment d'un peuple irrité ; ils doivent nous fournir un dé-
« dommagement proportionné à l'outrage qu'ils nous ont fait et
« au mal qu'ils ont voulu nous faire. Laissons aux peuples trem-
« blants sous la verge du despotisme qu'ils n'ont pas le courage
« de briser ; laissons leur des idoles qu'ils caressent encore, et
« devant lesquelles ils veulent encore se proterner. Que nous im-
« porte le sort de ces hommes qui n'ont pas le courage de cesser
« d'être esclaves ? Mais ce qui nous importe, c'est de fixer avec
« nos armes triomphantes les limites de la République ; c'est de
« lui assigner des bornes telles que sa splendeur et sa grandeur
« future en découlent.

« Le territoire espagnol, sur lequel nous allons entrer, doit
« faire partie de la République : le drapeau tricolore qui va l'om-
« brager va en faire une propriété française, et nous allons en
« prendre possession au nom du peuple. Que la dévastation, le
« pillage, l'incendie fuient loin de vous, que l'habitant craintif
« voie son asile respecté ! qu'il trouve à vos côtés sûreté et tran-
« quillité, et qu'il apprenne enfin à chérir un peuple vengeur des
« droits violés du genre humain, que les rois et les prêtres
« avaient peints à ses yeux comme un peuple d'anthropophages !

« S'il était parmi vous, courageux guerriers, quelques traîtres
« qui, voulant déshonorer le nom français et nuire aux intérêts
« de la République, violassent les devoirs que vos représentants
« viennent de vous retracer, saisissez les, et appelez vous mêmes
« sur leurs têtes la vengeance nationale ; ils sont indignes de
« combattre à vos côtés.

« Au reste, soldats de la liberté, n'oubliez jamais que la patrie
« a les yeux ouverts sur vous ; que la reconnaissance nationale
« viendra vous dédommager des sacrifices que vous aurez faits,
« et que la seule gloire dont un soldat républicain doive être ja-
« loux, c'est de voir les lauriers qu'il aura cueillis entrelacés de
« la déclaration précieuse et solennelle qu'il a bien mérité de la
« patrie.

« Et vous, habitants des campagnes et des cités espagnoles ;
« vous, laboureurs utiles, artisans laborieux, ne fuyez pas les lé-
« gions républicaines. Jetez vous dans leurs bras, sans armes,
« sans défense, et vous trouverez en elles protection et sûreté

« pour vous, pour vos femmes, pour vos enfants et vos proprié-
« tés. Le soldat Français a juré d'exterminer l'homme armé pour
« les tyrans ; mais ce fer si terrible dans ses mains respectera
« toujours celui qui sans défense réclamera son appui et son
« indulgence ; il respectera également ses opinions, ses mœurs,
« ses coutumes et ses usages.

« Restez donc dans vos paisibles demeures, cultivez vos champs,
« récoltez vos moissons, travaillez à vos ateliers et la liberté, pla-
« nant au milieu de vous, vous fera sentir la distance immense
« qui existe entre les vengeurs des droits des peuples et les es-
« claves se mouvant sous la verge du despotisme. Le soldat Fran-
« çais veut vous conquérir à la liberté, non par la terreur de ses
« armes, mais en gagnant vos cœurs et en éclairant vos esprits.

Signé, Garrau, Cavaignac, Pinet aîné.

« Les représentants du peuple près l'armée des Pyrénées Occi-
« dentales, en conséquence de la proclamation qu'ils viennent de
« faire, dans laquelle, d'un côté, ils invitent les habitants du ter-
« ritoire espagnol sur lequel l'armée des Pyrénées Occidentales
« va se porter à ne pas abandonner leurs demeures, promettant
« à ceux qui, sans armes et sans défense, s'abandonnant à la gé-
« nérosité française, protection et sûreté ; de l'autre, ils exhortent
« le soldat de la liberté à rejeter loin de lui toute idée de pillage,
« de dévastation et d'incendie, et à conserver soigneusement un
« territoire précieux qui va devenir une propriété de la Répu-
« blique.

« Considérant que tous les vrais défenseurs de la patrie, entraî-
« nés par les puissantes considérations mises sous leurs yeux par
« les représentants du peuple, ont déjà juré de n'être terribles
« qu'aux satellites du despotisme, de protéger les habitants paisi-
« bles, se livrant sans défense et avec confiance à la générosité
« française ; de respecter leurs domiciles, leurs propriétés, leurs
« coutumes, leurs mœurs, leurs usages : que ces droits gravés dans
« le cœur des soldats républicains, ne pourront être violés que
« par quelques ennemis de la gloire d'une des plus braves ar-
« mées de la république, qui, en commettant des actes indignes
« d'elle, voudraient ternir ses lauriers : qu'on doit s'empresser
« de punir avec la dernière sévérité de pareils hommes, que la
« perfidie et la trahison seules ont placés dans nos légions répu-

« blicaines pour y introduire la honte et le déshonneur, et pour
« compromettre les intérêts de la patrie ;

« Considérant que l'intérêt du soldat, celui de l'armée se trou-
« vent liés aux puissantes considérations déjà tracées ; que l'ex-
« périence a mis sous nos yeux des exemples fréquents de vic-
« toires arrachées à des armées qui, après avoir battu leurs enne-
« mis, se sont livrées au désordre en s'abandonnant au pillage ;
« qu'une telle défaite devient alors pour l'armée qui l'a subie la
« honte la plus ineffaçable, et qu'elle fait tomber sous le fer d'un
« ennemi déjà vaincu le soldat victorieux victime de son impru-
« dence ;

« Considérant que ce danger devient plus grand à mesure qu'u-
« ne armée avance sur le territoire ennemi : que les conséquences
« en sont plus terribles, |attendu qu'étant environnée d'hommes
« intéressés à sa perte, non-seulement la plus légère imprudence
« peut lui enlever le fruit d'une longue suite de succès, mais en-
« core la livrer à une destruction toute entière ; qu'on ne saurait
« mettre en usage des mesures trop sévères pour prévenir ces
« maux, pour conserver de bons soldats à la patrie, une brave
« armée à la République, pour éloigner des revers honteux aux
« armés françaises, et pour ne pas voir changer des jours d'allé-
« gresse en des jours de deuil, arrêtent :

« Art. I. Il est défendu à tout soldat français de quitter son
« drapeau après une action, pour quelque cause que ce puisse
« être, à moins qu'il n'en ait obtenu l'ordre de son chef.

« II. Tout militaire qui, au mépris de cette défense, abandon-
« nera son drapeau ou ne le rejoindra pas lorsque le rappel sera
« battu, subira la peine de trois ans de fers pour le soldat, de
« quatre pour le sous-officier, et de six pour l'officier.

« III. La dévastation, le pillage et l'incendie commis, sans l'or-
« dre des généraux, sur le territoire espagnol, seront punis de
« mort.

« IV. Seront également punis de mort ceux qui se porteront à
« quelques excès ou outrages envers les habitants sans défense,
« hommes, femmes et enfants. Les vieillards, les femmes et les
« enfants sont spécialement mis sous la sauvegarde de la loyauté
« française.

« V. Protection, secours et sûreté sont promis aux habitants du
« territoire espagnol qui ne s'armeront pas pour combattre les

« soldats de la liberté ; ceux qui, dédaignant cette marque d'hu-
« manité et de fraternité, tourneront leur fer contre les phalanges
« républicaines et seront pris les armes à la main, seront traités
« comme ennemis.

« VI. La dilapidation des cartouches devant être regardée com-
« me un délit national et comme pouvant avoir les conséquences
« les plus dangereuses, tout militaire qui, le combat une fois fini,
« se permettra d'en brûler une seule, de tirer un seul coup de fusil,
« sera puni, le soldat d'un an de fers, le sous-officier de deux, et
« l'officier de trois.

« VII. En défendant le pillage aux soldats républicains, les re-
« présentants du peuple renouvellent leur arrêté par lequel ils
« déclarent que le tiers de la valeur des prises appartiendra aux
« preneurs.

« VIII. Le soldat qui, au mépris de cette déclaration, serait
« assez peu délicat pour s'approprier la totalité ou partie d'une
« prise quelconque, priver par ce moyen la République de la part
« qui doit lui revenir, et ses camarades de celle qui leur est attri-
« buée, sera condamné à une amende double de la valeur de l'ob-
« jet qui sera soustrait, et à trois ans de fers. Ne sont point com-
« pris dans le présent article les effets et dépouilles trouvés sur
« l'ennemi tué ou fait prisonnier.

« IX. Tous les délits désignés dans les articles ci-dessus seront
« jugés par une commission militaire sur les lieux mêmes où le
« délit aura été commis. Le jugement sera exécuté sur le champ,
« et ceux qui auront mérité la mort seront fusillés à la tête des
« colonnes.

« X. Cette commission sera composée de cinq membres nom-
« més par le commandant de la troupe ; elle jugera sans jurés,
« et elle appliquera à l'accusé d'après sa conviction intime les
« différentes peines prononcées dans les articles II, III, IV, V, VI,
« et VII, suivant la nature du délit qu'il aura commis.

« XI. Tous les individus déportés de France en vertu des lois
« de la République, qui se trouvent domiciliés dans l'étendue des
« territoires conquis, sont tenus d'en sortir dans les vingt-quatre
« heures à partir de la publication du présent arrêté, sous peine
« d'être traités comme émigrés français.

« XII. Les habitants du pays conquis remettront leurs armes
« entre les mains des commandants militaires dans le délai de

« vingt-quatre heures après la publication du présent arrêté ;
« ceux qui seront convaincus de les avoir soustraits seront tra-
« duits devant la commission militaire et punis de mort.

« XIII. Les assignats seront reçus dans toutes les caisses publi-
« ques et dans les transactions commerciales ; ceux qui les refu-
« seront, les décrieront, les falsifieront, et ceux qui en colporte-
« ront de faux, seront traduits devant la commission militaire, et
« punis conformément aux lois de la République sur cet objet.

« XIV. Pour prévenir l'augmentation que des malveillants pour-
« raient donner aux marchandises et denrées du pays à raison de
« l'introduction des assignats, le maximum arrêté pour le district
« d'Ustaritz sera suivi dans tous les pays conquis sur l'Espagnol.

« XV. Les impositions établies dans les pays conquis, sous
« quelques dénominations qu'elles existent, continueront d'être
« perçues au profit de la République.

« XVI. L'exécution du présent arrêté est recommandée à la vi-
« gilance du général en chef, des différents généraux et officiers
« de l'armée ; il sera mis à l'ordre, imprimé, affiché, distribué
« aux bataillons, et lu à la tête de chaque compagnie.

« A l'avant-garde de l'armée, le 30 messidor l'an 2 de la républi-
« que française une et indivisible.

« PINET aîné, GARRAU, CAVAIGNAC. »

Ces proclamations produisirent les effets les plus salutaires
parmi les troupes. La première colonne engagée fut celle du général Digonet qui débouchant par Ispeguy marchait sur Errazu ;
la route qui conduit de ce col à ce petit village, est couverte par
un défilé que les Espagnols avaient fortement retranché ; l'artillerie, suivant un sentier à peine tracé, parvint après les plus grands
efforts à passer sur le plateau de droite et quelques coups de canon suffirent pour faire abandonner à l'ennemi une sorte de lu-
nette qu'il avait construite sur le chemin ; les Espagnols se réfugièrent en désordre dans quelques maisons d'Errazu qu'ils avaient
crénélées, mais forcés d'évacuer ce poste ils furent de nouveau se
placer sur une éminence qui, à environ une lieue en arrière de
ce dernier village, couvre la gorge d'Arizcun ; mais voyant les
Français revenir à la charge, ils évacuèrent cette importante position aux premiers coups de fusils et continuèrent leur retraite
jusqu'à Elizondo,

Mais pendant ce temps les corps Français, débouchant de Maya et du col d'Ariete, commencèrent à montrer leurs têtes de colonnes. Le fort de Maya évacué par ses défenseurs avait été pris par les républicains qui poursuivaient sans relâche ces troupes démoralisées ; d'un autre côté, la colonne descendue par Berdaritz s'avança si rapidement sur Elizondo que les Espagnols ne s'y croyant pas en sûreté l'évacuèrent immédiatement. Malheureusement pour eux, la route de Vera était coupée par le général Castelvert qui, avec trois bataillons, s'était établi sur les hauteurs dominant Echalar. Les Espagnols se retirèrent alors sur Saint-Estevan ; ils devaient y passer la Bidassoa et par la vallée de Lerins aller se rallier à Oyarzun ; ils firent assez tranquillement leur retraite, couverts par la légion Royale des Pyrénées et emmenant leur artillerie et leurs bagages. Depuis, l'une des deux colonnes Espagnoles fut affectée à couvrir Pampelune, en s'établissant à Almandos, tandis que la seconde mit la vallée de Lerins en état de défense. Grâce aux habiles dispositions des généraux, la vallée de Bastan venait enfin et presque sans combat de tomber entre les mains des Français ; l'enthousiasme fut général, quand on songea aux immenses approvisionnements de tout genre qu'elle renfermait et qui devaient servir à nourrir à réconforter les troupes ; mais, si le pillage était défendu aux soldats sous peine de mort, il n'en fut pas de même pour ceux qui furent chargés de recueillir les fruits de cette riche conquête, car, d'après le citoyen B... témoin de ces faits, « on confia, dit-il, à une agence le soin de « recueillir les produits de la récolte ; 1,500 quintaux de froment « et 1800 de maïs furent les fruits de cette gestion qui coûta prodi- « gieusement à la République. C'est une chose connue que le pays « rapportait chaque année au moins 8,000 quintaux de froment et « 15,000 quintaux de maïs, et à peine la quatrième partie des pro- « priétés fut-elle exempte de la confiscation. Au reste les lois sur « l'émigration étaient appliquées aux biens, mais non aux person- « nes des fugitifs. »

Les vainqueurs trouvèrent dans le fort de Maya 4 pièces de canon en fer et 6,000 fusils qui furent immédiatement dirigés sur Bayonne où se trouvaient les ateliers de réparation.

Le 6 thermidor, 4 bataillons français suivirent la route d'Elizondo à St-Estevan, qui longe la Bidassoa sur sa rive droite, et va ensuite aboutir à Echalar déjà occupé par les Français.

Ce mouvement avait pour but de rechercher le contact avec la division du centre qui devait ce même jour commencer ses opérations.

Le général Castelvert s'était emparé d'Echalar et de ses hauteurs, dès le premier jour de l'occupation de Bastan ; sa colonne rencontra seulement quelques troupes de paysans armés qui ouvrirent une vive fusillade, il leur dépêcha quelques sous-officiers pour leur parler, et les fit précéder d'une vieille femme portant la proclamation adressée par les représentants à l'armée ; les paysans écoutèrent la lecture qui leur en fut faite, et voyant qu'on n'en voulait ni à leurs personnes, ni à leurs propriétés, ils baissèrent leurs armes, et brûlant leurs cartouches après les avoir déchirées, ils se retirèrent aussitôt (1).

CHAPITRE X.

Les redoutes du Comissary. — Marche de la division du centre. — Prise des ouvrages espagnols et de Vera. — Concentration des divisions de gauche et du centre. — Bombardement des lignes de la Bidassoa. — Passage de la Bidassoa par la division de droite. — Prise du mont St-Martial et de Fontarabie.

Examinons maintenant, aussi succinctement que possible, quels étaient les obstacles à vaincre par la division du centre à son entrée en Espagne. Les troupes Espagnoles qui eurent toujours, et qui ont encore une prédilection bien marquée pour la fortification de campagne, avaient couvert d'ouvrages d'art les passages qu'elles craignaient de voir forcés. De Biriatu à Vera, une longue ligne non interrompue de retranchements s'étendait en se commandant mutuellement ; mais ils avaient surtout accumulé sur la montagne du Comissary les travaux de toute nature et en avaient pour ainsi dire fait leur chef-d'œuvre (2). Cette montagne, quoique peu élevée, est d'un accès extrêmement difficile, surtout pour un assaillant venant de France ; elle domine la chaîne des Pyrénées et est divisée à son sommet en deux mamelons qui avaient été couronnés par deux puissantes redoutes ;

(1) Moniteur.
(2) Moniteur.

l'une d'elles avait son revêtement en étoile et les Espagnols étaient
encore occupés à la renforcer en construisant à son centre un
cavalier devant servir de réduit ; cette redoute bien flanquée
était protégée par un large fossé, garni d'une palissade et de
chevaux de frise ainsi que de planches hérissées de clous ; en
outre un quinconce de 6 rangées de trous à loups bien garnis de
pieux l'entourait de toute part ; Cagigal, officier énergique, avec
un bataillon du régiment de Zamora et deux obusiers, était
spécialement chargé de sa défense. L'autre redoute, moins bien
armée, était ouverte à la gorge : c'était une faute qu'on commençait à réparer en y construisant une traverse. Ces deux redoutes,
qui formaient le point capital de la défense, étaient environ à une
portée de fusil l'une de l'autre, et reliées entr'elles par un épau-
tement à redans mais sans fossé ; en dedans de ce revêtement
on avait construit quelques barraques en bois destinées au logement des troupes. Les flancs de ces ouvrages étaient protégés
par deux batteries ; l'une nommée Marie-Louise enfilait la gorge
d'Olette, et l'autre dite de Sainte-Barbe défendait et commandait
le chemin de Sare ; quelques petits camps faiblement retranchés
complétaient ce système.

Le 6 thermidor, les troupes de la division du centre se mirent
en marche vers 9 heures du soir : elles étaient divisées en 3
colonnes chacune forte de 3 bataillons. La première, commandée
par le général de brigade Dessein, partit de Mandale, et arriva
vers 3 heures du matin devant les redoutes du Comissary ; le
général fit attaquer sur le champ, un feu des plus vifs accueillit
la colonne française dont les soldats cherchèrent un asile entre
les saillants des redans qui unissaient les deux redoutes. La
colonne, après s'être reformée, se précipita à l'assaut avec un
courage héroïque, des gerbes de mitraille semèrent la mort dans
les rangs des Français ; l'adjudant général Frère fut tué, un
moment d'hésitation allait tout perdre, lorsque le général Dessein,
ralliant ses soldats et se réfugiant avec eux dans les logements
établis entre les deux redoutes, s'aperçut que celle de droite
était ouverte à la gorge ; s'y précipiter, s'en emparer en tuant
les défenseurs, ne fut que l'affaire d'un moment ; l'artillerie
dont cette redoute était armée, fut aussitôt pointée sur la redoute
à étoile qui à si courte portée est aussitôt criblée de projectiles ;
une grêle de balles blesse et tue les défenseurs ; Cagigal et le

bataillon de Zamora soutiennent bravement le feu ; mais pendant ce temps, la colonne du centre qui venait de traverser la gorge d'Olette, en évitant les feux de la batterie de Marie-Louise, essaya à son tour l'escalade. En ce moment l'épuisement des munitions contraignit les Espagnols à se rendre, le commandant du bataillon de Zamora fut sauvé non sans peine des mains des soldats français qui, le prenant pour un émigré, voulaient l'exécuter immédiatement.

La victoire des troupes républicaines était complète ; les batteries de Marie-Louise et de Sainte-Barbe évacuées sans combat par les Espagnols furent occupées par la troisième colonne de gauche qui, sous le commandement du général Pinet, déboucha par la gorge de Sare et s'en empara sans coup férir.

Les pertes de la division du centre s'élevèrent à 200 morts et 300 blessés, appartenant presque tous à la 148 1|2 brigade qui formait la colonne la première engagée ; on fit aux Espagnols 320 prisonniers dont 12 officiers, et on recueillit dans les ouvrages 7 pièces de canon et 2 obusiers. La prise du mont du Comissary allait avoir pour les Espagnols des conséquences immenses ; les positions qu'ils avaient si soigneusement fortifiées à Fontarabie, Irun et St-Martial allaient être tournées ; et si l'évacuation de ces ouvrages ne se faisait pas avec la plus grande rapidité, les troupes elles-mêmes allaient se trouver enveloppées et obligées de mettre bas les armes. Les Espagnols quittèrent bientôt le poste jusque là si important de Biriatu, et Vera tomba entre les mains des Français.

Le point de jonction des divisions de gauche et du centre était à Lesaca, au-delà de la Bidassoa, dont l'ennemi avait rompu tous les ponts. Le 9 thermidor, Moncey concentrant rapidement son corps parvint, après une marche de 14 heures à travers les difficiles montagnes d'Atchiola, jusque sur cette rivière qu'il côtoya un instant et qui fut bientôt passée dans un gué assez profond, aux cris de : Vive la République ! Le lendemain il était réuni à la division du centre. Après un conseil de guerre tenu par les officiers supérieurs de ces deux divisions, elles se remirent en marche le 13 thermidor ; il s'agissait de dépasser par la rapidité des mouvements les quelques troupes espagnoles, qui se trouvaient encore dans la vallée de Roncevaux et dans le Roncal. Ces divisions devaient ce jour-là se porter jusqu'au pied de la montagne d'Aya, dont la crête était défendue par un corps nombreux d'infanterie espagnole ; la possession de ce point était capitale pour les ennemis, car il couvrait les derrières de St-Martial et des ouvrages qui avaient été élevés sur la rive gauche de la Bidassoa ; malheureusement, toute la journée du 13 thermidor l'atmosphère resta tellement chargée de brouillard qu'on fut obligé de remettre l'attaque au lendemain.

Le 14, la montagne fut enfin escaladée et le camp forcé sans grande résistance, quoiqu'il fût, paraît-il, très facile à défendre ; en ce moment, on entendit le bruit du canon et de la fusillade ; c'était la division de droite commandée par Frégeville qui, croyant la prise de l'Aya effective de la veille, attaquait le 14 comme il était convenu. Voyons maintenant quelle était la nature des obstacles que les Français avaient à surmonter sur ce point. Si on examine avec quelque attention une carte de la frontière et de l'embouchure de la Bidassoa, on verra combien l'ensemble des travaux exécutés par les Espagnols se montrait sous un aspect formidable. La ligne des ouvrages ceignait la montagne de St-Martial de six étages de batteries, armées d'une nombreuse artillerie de gros calibre ; ces lignes allaient jusque près d'Irun joindre par un épaulement protégé d'un fossé, une forte redoute qui couvrait cette ville ; deux batteries de chaque côté du pont de Béhobie l'enfilaient entièrement et pouvaient encore défendre le cours de la Bidassoa ; Irun était unie à Fontarrabie par une nouvelle ligne de batteries qui, s'appuyant sur les cinq bastions de cette dernière ville, alors bien pourvue d'artillerie et de munitions, résumait un système de défense, aussi bien conçu qu'habilement exécuté ; enfin, le fort du Figuier protégeait l'embouchure du fleuve.

Le général Lespinasse, chargé par Muller de préparer en même temps le passage des troupes et le bombardement de Fontarabie, avait installé à plus de 1,500 mètres des batteries armées de mortiers à la Gomer (1) desquels il attendait le plus grand effet ;

---

(1) Gomer, maréchal-de-camp et inspecteur du corps de l'artillerie, inventa en 1785 un mortier dont la chambre en forme de cône tronqué ne paraît être qu'une suite de l'âme. Par ce moyen, la bombe qui pourrait se trouver d'un calibre moindre que celui qu'elle doit avoir, touche toujours exactement dans ce mortier les parois intérieures de l'âme et n'offre aucun vide au fluide élastique pour s'échapper à pure perte ; la poudre agit par conséquent contre le projectile avec toute la force dont elle est capable. — Manuel de l'artilleur, par T. d'Ortubie, an III.

ces batteries masquées furent établies sur des hauteurs à côté du plateau d'Hendaye. Le 6 thermidor le feu commença sur toute la ligne; toutes les batteries tirant par dessus la Bidassoa avec une rare justesse envoyèrent dans Fontarabie une grêle de bombes et d'obus qui y exercèrent les plus affreux ravages; le bombardement dura 8 jours : pendant ce temps, une division navale, formée par les soins des représentants avec les ressources qu'ils empruntèrent à Bayonne et à Saint-Jean-de-Luz et se composant de la frégate *La Bayonnaise*, quelques cutters, chaloupes, canonnières, et une quinzaine de pinasses armées en guerre, apparut à l'embouchure de la Bidassoa; l'éloignement prêta à cette petite flotte une apparence formidable qui ne contribua pas peu à la démoralisation de l'armée espagnole, laquelle commença alors à craindre une tentative de débarquement du côté du cap Figuier. Le 14 thermidor au matin, le général Lespinasse, ayant fait, pendant la nuit précédente, préparer son artillerie pour protéger le passage des troupes, ouvrit un feu terrible contre les redoutes et les batteries espagnoles; la division de droite, massée, attendait avec impatience le moment de se signaler. Bientôt, une colonne, formée de deux bataillons, franchit le pas de Béhobie, simulant ainsi une attaque sur le flanc droit ennemi; ce point était du reste devenu très faible depuis la prise des redoutes de Vera et l'évacuation de Biriattu; l'attention des Espagnols fut un moment détournée et profitant habilement de leur hésitation, 4 bataillons, commandés par le général de brigade Dessein, accompagné du représentant Garrau, se formèrent en colonne d'attaque et, malgré les feux d'une batterie, traversèrent à gué la Bidassoa en ayant de l'eau jusqu'à mi-jambe; bientôt suivis de 3 autres bataillons, les Français s'élevèrent sur les derrières de St-Martial en s'emparant de deux batteries mal défendues. Les divisions de Moncey et Delaborde qui venaient de s'emparer de la montagne d'Aya, se portèrent sur le champ à Oyarzun, espérant couper la retraite à la gauche espagnole qui n'avait pas encore abandonné ses positions; les ennemis se retirèrent en ce moment protégés par les régiments d'Ultonia, de Reding, 2 bataillons de gardes wallones et le régiment provincial de Thuyg; l'ordre donné par le comte de Colomera de faire sauter les magasins à poudre, fut exécuté à la lettre, mais si malheureusement que l'un d'eux fit explosion au moment où ses troupes passaient près de lui;

ce désastre fit dans leurs rangs des ravages affreux, mais ils firent malgré tout bonne contenance, et toujours combattant sans se laisser entamer, ces braves soldats passèrent près d'Oyarzun, au moment où les colonnes de Moncey et Delaborde commençaient à y déboucher ; l'arrière-garde espagnole fut alors rejointe par la cavalerie des régiments de Farnèsio, Montera et les soldats d'Ubeda qui réussirent, par quelques charges énergiques, à empêcher que cette brave infanterie ne fut entourée. Les Espagnols ne s'arrêtèrent que sur les positions d'Hernani ; une nuée de tirailleurs français les y suivirent en profitant des vergers et des haies dont ce pays est semé, et faisant de nombreuses prises à chaque pas.

Les trois divisions françaises se joignirent à Oyarzun. Le représentant du peuple Garrau, suivi de 300 grenadiers commandés par l'adjoint aux adjudants généraux Lamarque, poursuivit un instant les Espagnols sur la route d'Oyarzun, mais revenant bientôt sur ses pas, il fut se placer sur les hauteurs qui couronnent Fontarabie ; une volée de mitraille accueillit la petite troupe et tua trois grenadiers aux côtés de Garrau ; il somma aussitôt la ville de se rendre et le capitaine Lamarque y entra comme parlementaire. Fontarabie, dont le passé fut si glorieux et qui a tenu une si large place dans l'histoire de cette frontière, ne devait pas cette fois résister avec ce courage qui lui fit accorder par ses souverains le titre supérieur de très noble et très fidèle. Après avoir repoussé l'armée du prince de Condé en 1638, elle avait été fortifiée selon le système de Vauban ; mais sa courtine était en très mauvais état et les travaux d'attaque du maréchal de Berwick en 1719 s'y voyaient encore tracés en marques redoutables ; sans ouvrages avancés, sans dehors et quoique très endommagée par le bombardement que venait de lui faire subir le général Lespinasse, elle était malgré tout encore en état de résister parfaitement à un coup de main, et il eut été impossible à l'armée républicaine, dépourvue d'équipage, de tenter un siége régulier.

La ville était commandée par don Vicente de los Reyes avec 6 ou 700 hommes et 50 pièces de canon en batterie ; à l'arrivée du capitaine Lamarque, il rassembla le conseil de guerre composé de 2 capitaines, un curé, le major de la place, le chef de l'artillerie et quelques autres officiers (1); les Espagnols ne voulaient pas se rendre sans avoir consulté les habitants et demandaient vingt-quatre heures de réflexion ; le capitaine Lamarque leur mit alors sous les yeux la sommation suivante que leur faisait le représentant Garrau :

« Le commandant de la place de Fontarabie est sommé de la livrer à l'armée de la République; il ne lui est accordé que 6 minutes pour délibérer ; ce délai passé, il ne sera accordé aucune capitulation, la garnison et lui seront passés au fil de l'épée.

« De la redoute dite des Capucins, le 14 thermidor l'an 2 de la République une et indivisible.

« Le représentant du peuple, signé,
GARRAU. » (2)

Que pouvait faire la garnison en cette circonstance ? Elle avait vu l'armée Espagnole se retirer toute entière. Sans espoir d'être secourus, une panique général saisit les défenseurs de Fontarabie et à 6 heures et demi du soir le 14 thermidor 1794 ils signèrent la capitulation suivante :

« Au nom de la République française.

« Nous, représentants du peuple français et général en chef de l'armée des Pyrénées Occidentales, sur la demande faite par le commandant de la place de Fontarabie de 24 heures pour se décider à la livrer à l'armée de la République, lui répondons que l'armée qui, par une suite de victoires, se trouve maîtresse de faire la loi à la ville dont le commandement lui est confié, ne lui accorde que jusqu'à 5 heures pour se rendre aux conditions suivantes :

« Art. I. La garnison sortira avec tous les honneurs de la guerre, déposera ses armes devant l'armée de la République et sera prisonnière de guerre.

« II. Tous les magasins d'artillerie et autres bouches à feu, armes, munitions, etc. seront remis à la nation française dans le même état où ils se trouveront dans le moment actuel.

« III. Il ne sera accordé aucun chariot couvert.

« Fait à Fontarabie le 1er août 1794

« Signé : Vicente de los Reyes commandant de la place ; Muller

(1) Lettre des représentants du peuple au comité de salut public.
(2) Moniteur,

« général en chef de l'armée de la république. Pinet aîné, Cavai-
« gnac, Garrau représentants du peuple près l'armée des Pyrénées
« Occidentales. »

Selon les articles de la capitulation, la garnison sortit avec les
honneurs de la guerre et fut envoyée en partie à Bayonne et dans
les villes de l'intérieur ; on reprocha plus tard à Don Vicente de
los Reyes cette prompte reddition qui amena plusieurs auteurs espagnols à s'étonner de voir les Français, appuyer sur un fait
qu'ils voudraient voir tomber dans l'oubli. Quoiqu'il en soit la
Gazette de Madrid attribua cette prompte capitulation à l'influence
de la municipalité qui ne se souciait pas de supporter les horreurs d'un siége ; cette municipalité demanda alors à être jugée
par un conseil de guerre, mais le roi Charles IV, après une enquête ouverte sur ces faits, accorda à la ville le titre de toujours
fidèle (muy siempre fidel, (1).

Les résultats matériels de cette journée et des opérations précédentes furent immenses ; l'armée républicaine recueillit 2,000
prisonniers, 200 bouches à feu, 10 à 12,000 fusils 15 à 1,600 tentes
et s'empara de nombreux magasins de subsistances et de munitions de toute sorte ; 4,000 bombes, obus et boulets, ainsi que 30
à 40 chaloupes de pécheurs, 3 petits navires à deux mats et une
chaloupe cannonière armée d'un canon de 24 et d'un obusier tombèrent entre les mains des Français ; enfin cinq drapeaux pris à
l'ennemi furent présentés à la Convention par le capitaine Lamarque nommé adjudant général en récompense de ses services.

L'armée Espagnole s'était retirée à Hernani dans le plus grand
désordre ; les troupes commirent de tels excès en se retirant, que
la deputacion foral condamna à la peine de mort ceux qui seraient
saisis en flagrant délit de pillage ; à peine, si le général en chef
Colomera put réunir 4 jours plus tard 4,000 combattants à Tolosa.

(1) Soraluce, Hist. du Guipuzcoa.

CHAPITRE XI

Prise d'Hernani. — Capitulation de Saint Sébastien. — Réunion de la junte de Guipuzcoa à Guétaria. — Pinet casse les états. — Conduite de Pinet dans le Guipuzcoa. — Formation d'une nouvelle junte à Mondragon. — Prise de Tolosa. — Deux colonnes d'expédition françaises en Guipuzcoa.

Le 15 thermidor (2 août) l'armée républicaine se mit de nouveau en mouvement, car elle avait d'autres lauriers à cueillir. Placé à Hernani le général Colomera interdisait aux Français par cette position un peu hardie le siége de Saint Sébastien, car un simple changement de front de la part des ennemis les aurait mis entre deux feux. Résolus à lui enlever ces hauteurs, les chefs des divisions Delaborde et Frégeville marchèrent en deux colonnes sur ce point qu'ils ne trouvèrent du reste occupé que par quelques retardataires de l'armée espagnole ; la cavalerie française se déploya rapidement et l'artillerie ouvrit son feu contre ces hauteurs; elles tombèrent entre leurs mains sans l'ombre d'une résistance.

Pendant ce temps, Moncey et sa division, environ 6,000 hommes, s'emparant du Passage (1), de Renteria et Lezo, arriva sous les murs de Saint Sébastien, dont il trouva les ponts coupés : il s'établit aussitôt sur les hauteurs et envoya un parlementaire pour inviter la ville à se rendre.

On nous permettra d'esquisser ici à grands traits la physionomie militaire de Saint Sébastien ; nous espérons qu'on comprendra facilement les services immenses que cette ville eut pû rendre à la cause espagnole si elle eût obligé les Français à faire un siége régulier. Formant un quadrilatère à peu près parfait, cette ville est appuyée par un de ses côtés au mont Orgullo qui la domine et qui la protége des vents du large : cette hauteur, défendue par une petite citadelle mal entretenue et sans abris casematés était selon un général renommé un vrai nid à bombes. Tous ces ouvrages sont dominés de très près par les hauteurs qui environnent la ville; celle-ci était alors défendue par une enceinte en maçonnerie où d'anciens boulevards terrassés faisaient l'office de bas-

(1) Deux navires espagnols l'un chargé de poudre et l'autre de vin et de morues vinrent au Passage tomber entre les mains des Français.

tions; mais sa meilleure défense était la mer qui l'entourait de toute part, et ne laissait devant le front sud, qu'un étroit terre-plein immédiatement battu par les feux d'un ouvrage à cornes et des bastions qui l'enfilaient complétement. Ce terre-plein était relié à la terre ferme par un pont de bois que les troupes de la République trouvèrent rompu. On peut trouver assez singulier la prompte reddition de cette ville, quand on sait que 70 ans auparavant elle soutint longtemps tous les efforts du maréchal de Berwick, et que 19 plus tard en 1813 défendue par le général Rey et attaquée par une puissante armée elle devait tenir pendant 69 jours de tranchée ouverte en faisant éprouver aux Anglais une perte double de l'effectif de la garnison.

Mais la municipalité de Saint Sébastien n'était pas décidée à se défendre, l'alcade de la ville Michelena et la population gagnés en partie aux idées nouvelles apportées par les armées de la République accueillirent favorablement Latour d'Auvergne, que sa connaissance de la langue espagnole avait fait choisir comme parlementaire ; après quelques hésitations habilement vaincues, la garnison se décida à se rendre et la capitulation fut rédigée dans les termes suivants :

« LIBERTÉ, EGALITÉ.

« Au nom de la République française,

« Capitulation accordée par le général commandant les troupes
« de la République au gouverneur de la ville et citadelle de
« St-Sébastien et à ses magistrats ;

« Art. I. Le gouverneur de la ville et citadelle de St-Sébastien
« les livrera aux troupes de la République dès qu'elles se pré-
« senteront.

« II. La garnison sortira de la citadelle et de la place tambour
« battant, drapeaux déployés, ira se former en bataille sur les
« glacis ; arrivée là, elle déposera ses armes et sera prisonnière
« de guerre.

« III. Il sera accordé six charriots découverts pour le transport
« des équipages de la garnison seulement ; ces équipages seront
« vérifiés en sortant de la place par un commissaire des guerres.

« IV. Les magistrats de la ville en remettront les clefs.

6

« V. Les vaisseaux de guerre ou autres bâtiments, actuellement
« en rade ou dans le port, ainsi que leurs cargaisons, appartien-
« dront à la République, excepté ceux dont les habitants justifie-
« ront être les propriétaires.

« VI. Les décrets de la Convention nationale ayant consacré la
« liberté des cultes, l'arrêté des représentants du peuple près de
« cette armée, arrêté du 30 messidor, en ayant assuré aux habi-
« tants du pays conquis le libre exercice, le général croirait faire
« naître un doute injurieux sur l'exécution des lois de la Républi-
« que et des arrêtés des représentants du peuple que d'en faire un
« article exprès de la capitulation.

« VII. Quant aux autres demandes relatives à des intérêts parti-
« culiers de Cité, le général prévient les habitants qu'ils pourront
« adresser leurs mémoires sur ces différents objets et à la Con-
« vention nationale et aux représentants du peuple près cette
« armée, qui s'empresseront de faire droit à leurs réclamations,
« si elles sont justes.

« Fait au camp devant St-Sébastien, le 16 thermidor, 2ᵉ année
« de la République une et indivisible ».

« Le général de division commandant les troupes de la Répu-
« blique,

« Signé : MONCEY. »

« MICHELENA, ZORAGA, CARDO, LOZANO, URRUTIO. »

« Approuvé par les représentants du peuple français près
« l'armée des Pyrénées Occidentales, au camp devant St-Sébas-
« tien, le 16 thermidor, l'an 2 de la République française une
« et indivisible.

« Signé : GARRAU, CAVAIGNAC, PINET aîné » (1).

Le lendemain, 17 thermidor, les alcades remirent les clefs de la
ville entre les mains des Français et ce fut avec solennité qu'elles
furent portées aux représentants du peuple. La garnison qui se
composait d'environ 1,700 hommes provenant de divers dépôts,
se rendit prisonnière de guerre (2) après avoir défilé devant les
troupes républicaines, et fut aussitôt dirigée sur Oyarzun ; ces

(1) Moniteur.
(2) Soraluce. Hist. de Guipuzcoa.

troupes partirent avec un visage consterné et une indignation muette contre la population qui les avaient, pour ainsi dire, contraints à se rendre. Les habitants de Saint Sébastien se livrèrent alors tout entiers à la joie d'avoir su, par leur prévoyance, échapper aux rigueurs d'un siége peut-être long et meurtrier. « Ils ac-
‹ cueillirent » dit le Citoyen B... « les représentants, les généraux,
« l'armée toute entière par les plus vives démonstrations d'allé-
« gresse. Dès le lendemain, les boutiques étaient ouvertes comme
« à l'ordinaire. On y recevait les assignats sans murmure et avec
« une faible perte. La plus exacte discipline était observée par les
‹ Français, et Saint-Sébastien semblait déjà une ville façonnée à
« la domination nouvelle. »

Les faits que nous avançons prouvent surabondamment que les Guipuzcoans ne virent pas d'un mauvais œil l'invasion de leur pays par les Français. Les idées républicaines, propagées par la guerre, durent sans doute leur sourire ; et qui sait même, si dans l'esprit de quelques-uns d'entr'eux ne naquit pas l'idée de former une république ou un état libre sous le protectorat de la France. Sans les accuser d'avoir aidé par dessous main aux succès de leurs ennemis, tout dans leur conduite, leur prompte reddition, leur refus d'augmenter les levées provinciales, et plus encore, quelques lettres adressées à la Convention par des membres de la junte attestent la véracité des faits que nous croyons pouvoir avancer (1). Sans répondre toutefois aux objurgations de quelques historiens espagnols, que la ville était hors d'état de soutenir un siége, car non-seulement elle manquait de tout, mais encore elle avait été précédemment désarmée d'une partie de son artillerie pour en armer, paraît-il, les fameuses lignes d'Irun (2), nous

(1) Voir aux pièces justificatives.
(2) Probose tambien este mismo en el expediente formado ano y medio despues, que carecian de canones buen numero de baterias por haberlos hecho llevar el.
General Caro a Irun, endonde se apoderaron de ellos los enemigos, segun hemos dicho. Apenas, por repetidas reclamaciones de la Provincia y de la Ciodad de San-Sebastian, se habia principado la estacada ; faltaban granados de mano ; no habia tacos para los canones que quedaban, y solo très-bien reducidos batallones, uno de ellas de *quintos* recien llegados, era la dotacien de tropa. La gran mayoria del paisanaje armado del pueblo é imediaciones, *al observar tal abandono*, que no de otro modo se debe calificar, asi que las acontecimientos de los dias anteriores, no quiso encerarse en la Ciodad. Tal era el estado de esta para la défense. Soraluce. (Histoire de Guipuzcoa).

croyons pouvoir avancer que si la ville se rendit sans offrir la
moindre résistance, on doit en inférer qu'elle obéit à un autre
sentiment que celui de la crainte d'un siége, et que le souvenir,
toujours vivace dans l'esprit des Guipuzcoans, de l'ancienne indépendance de leur pays fut pour beaucoup dans cette prompte
soumission aux lois du vainqueur.

Malgré l'état d'abandon dans lequel se trouvait, disent les
historiens espagnols, la ville de St-Sébastien, les ressources qu'y
trouvèrent les Français furent immenses: Hernani, Passage,
Oyarzun fournirent aux troupes républicaines plus de 70,000
quintaux de froment, 20,000 quintaux de riz et de grandes quantités d'approvisionnement de toute sorte. Le citoyen B. ajoute :
« tous les services de l'armée, ainsi que la marine, y puisèrent
« d'abondants secours en toiles, chanvres, fer, cuivre, etc.;
« l'artillerie seule eut en partage 4,000 miliers de poudre, 250
« miliers de plomb, 120 miliers de fer, sans comprendre 49 canons
« de bronze, depuis le calibre de 24 jusqu'à celui de 8 ; 90 pièces
« en fer, 2 pierreries, 6 mortiers, un obusier et multitude
« d'autres effets de toute nature » (1).

La conduite de l'alcade Michelena, de l'ayuntamiento et du

---

(1) Le département des Basses-Pyrénées s'associa à la joie générale,
la ville de Bayonne entr'autres se distingua par des divertissements et des
manifestations dont nous donnons le récit extrait des archives de la ville.

2 thermidor an 2. Le conseil général, considérant que la brave armée
des Pyrénées Occidentales, conduite par les représentants du peuple,
vient pendant plusieurs jours de remporter des victoires signalées sur les
esclaves du tiran d'Espagne, que non-seulement une artillerie immense
leur a été enlevée au pas de charge, et plusieurs miliers de ses esclaves
faits prisonniers, mais même des villes principales comme Fontarabie, Saint-
Sébastien le Passage et autres; considérant que des conquêtes aussi rapides,
aussi glorieuses doivent être célébrées avec toute la joie et l'allégresse
qu'elles inspirent, surtout étant faites sans effusion de sang républicain,
a délibéré, ouï l'agent national, qu'aujourd'hui et demain il sera fait des
réjouissances publiques dans la cité ; à commencer à 4 heures de l'après-
midi, afin de ne pas enlever l'ouvrier à son travail ; Qu'incontinent il se
fera une proclamation à son de trompe et de tambour, pour annoncer au
public ces fêtes ; que les citoyens seront invités à se procurer des branches
de lauriers et en orner leurs fenêtres ; ils illumineront pendant la nuit
jusqu'à 11 heures seulement, heure à laquelle tous les feux devront cesser,
les musiciens et amateurs de musique seront invités à se réunir à la
municipalité à 3 heures pour accompagner le cortége sur la place de la
Liberté, il sera composé de toutes les autorités constituées ; là s'ouvrira
un bal qui durera jusqu'à 10 heures. Le citoyen Engieux, directeur de la
comédie, sera invité à donner gratuitement aujourd'hui une pièce patrioti-
que en lui remboursant ses dépenses. (Registre des délibérations du conseil
général de la commune Archives de Bayonne.)

gouverneur militaire de Saint-Sébastien Don Alonso Molina fut
condamnée par la voix publique ; la campagne terminée, l'alcade
passa en 1796 ainsi que la municipalité devant un conseil de
guerre et furent acquittés (1).

L'entrée des Français en Espagne fut diversement accueillie ;
quand la nouvelle en arriva à la cour, le duc d'Alcudia y répondit
par une violente proclamation qui devait selon lui soulever
l'Espagne entière contre les envahisseurs et leur fermer le chemin
de la capitale.

Cette proclamation, datée du 12 août, ne produisit cependant
pas l'effet qu'on en espérait : la junte de Guipuzcoa qui se trouvait
réunie à Saint-Sébastien depuis le commencement des hostilités,
décida qu'elle se transporterait à Hernani ou à Tolosa, selon que
le cas l'exigerait. Lorsque les Français passèrent la Bidassoa,
la junte se réfugia à Guétaria, ne se trouvant sans doute pas en
sureté dans les deux villes qu'elle avait précédemment choisies ;
elle convoqua une réunion extraordinaire pour le 4 août, mais,
selon les historiens espagnols, les événements furent si précipités,
que cette députation extraordinaire se vit à son tour obligée
de se réunir le 14 du même mois pour traiter cet. fois de la
la soumission aux troupes françaises ; cette soumission leur avait
été imposée par le général en chef et les représentants du peuple ;
une commission fut alors détachée pour aller présenter au représentant Pinet les propositions suivantes (2).

« Citoyens, la province de Guipuzcoa désirant éviter l'effusion
« du sang et les suites fâcheuses que la continuation de la guerre
« pourrait occasionner à ses habitants, s'adresse avec confiance à
« la générosité du peuple français et vient lui témoigner qu'elle
« désire que l'armée de la République suspende dès ce moment
« toute hostilité et que par la voie des commissaires on traite les
« moyens qui peuvent conduire à établir la tranquilité et la bonne
« harmonie ; cette province espère que les représentants du peu-
« ple français seront portés à seconder ses vœux.

« Fait à l'assemblée extraordinaire de la noble ville de Guétaria.

« Le 14 août 1794 (qui correspond au 17 thermidor.)

Signé : ECHAVE et ROMEA.

(1) Soraluce.
(2) Voir aux pièces justificatives.

Pour la n. et l. province de Guipuzcoa,
Signé : BERNABÉ, ANTOINE DE EGAVA.

Pour copie conforme à l'original, l interprète de l'armée :
PANDALÉ.

Conforme à l'original,
les représentants du peuple près l'armée des Pyrénées Occidentales :
PINET aîné, GARRAU, CAVAIGNAC.

Malheureusement pour l'entente qui commençait à s'établir entre les représentants et la junte, un article d'une proposition faite quelques jours plus tard renversa l'édifice ; la députation, proposait : « que le Guipuzcoa serait considéré comme un état libre et « neutre, et qu'il ne fournirait aucun secours ni à la France, ni à « l'Espagne. » Cet article fut si loin de plaire aux représentants du peuple, qu'après avoir cassé les états, ils les firent enlever par une colonne d'infanterie qui se porta jusqu'à Guétaria où ils étaient assemblés ; les membres de la junte furent le lendemain même dirigés sur Hernani, Saint-Jean-de-Luz et Bayonne où ils furent écroués jusqu'à la fin de la guerre. Le Guipuzcoa tout entier ne poussa qu'un seul cri d'indignation contre ce qu'il appela une violation du droit des gens, et une nouvelle junte extraordinaire se réunit à Mondragon, petite ville encore vierge de l'invasion française (1) ; Pinet répondit à ce défi en faisant dresser la

(1) Voici, selon Soraluce, les noms des représentants de cette nouvelle Junte :
De la villa de Salinas, D. Joaquin Esteban de Romarate. — de la de Escoriaza, D. José Ignacio de Mendia y D. Ramon José de Gastanadui y Zamora. — Del valle de Arechavelata D. Joaquin Maria de Otalura. — De la villa de Elgueta, D. Pedro Martin de Murguia Jaurégui. — de la de Anzuola, D. Juan Antonio de Arrelus. — De la de Villareal, D. Pedro Antonio de Vecuna. — De la de Zumarraga, D. Juan Ignacio de Alzola. — De la de Elgoibar, D. Ignacio Bartolomé de Muguruza y D. Ramon de Azcarate. — De la de Eibar, D. Juan Bautista de Mendizabal y D. Ignacio Maria de Ibarzabal. — De la de Ezquioga, D. Juan Antonio de Elizalde. Del concejo de Ichaso, D. José Antonio de Urquiola. — De la villa de Gaviria, D. José Joaquin de Urquiola y D. Juan Ignacio de Gastanaga. — Como capitulares y vecinos concejantes de la citada villa de Mondragon ademas del Alcalde y notario antedichos, asistieron tambien D. Algel de Echavarri, D. Santiago Elias de Aranguren y otros qui siguiron alternando la representacion. Agregaronse en los dos dias siguientes : De Vergara, D. Martin José de Murua y Eulate y D. Lorenzo Elizburu. — De la villa de Onate, D. Felipe Antonio de Sarria y D. José Javier de Antéa. — De la villa de la Elgueta, D. José Antonio de Zueueta ; et de la villa de Legazpia, D. Juan Antonio de Goridi y D. Pedro de Azcarraga.
La primera junta, de 1 de setiembre, éligio su diputacion à guerra,

guillotine sur la place neuve de Saint Sébastien, et bientôt, violant
la capitulation, il fit régner dans la ville le décret du 24 thermidor (1). Il se vengea alors, de l'impudence avec laquelle la nouvelle junte l'avait bravé en se réunissant, et fit administrer la province par des hommes à lui ; il nous aliéna ainsi le cœur d'un
peuple qui avait déjà envisagé sans terreur la possibilité de devenir français (2).

Les prêtres et les nobles furent arrêtés ; les églises fermées, et
suivant le citoyen B... les Espagnols qui n'avaient pas fui l'arrivée
des troupes françaises furent obligés de rentrer dans l'intérieur de
la Péninsule.

Pendant les quelques jours qui s'écoulèrent, l'armée républicaine avait continué ses progrès ; aussitôt qu'Hernani fut évacué
par les Espagnols, des avants-postes furent poussés jusqu'aux portes de Tolosa (3) ; entre ces deux villes, les colonnes françaises
s'emparèrent d'importants magasins de grains, ainsi que de plusieurs fabriques. L'armée espagnole, alors excessivement étendue,
présentait un front d'une faiblesse extrême; le comte de Colomera,
ne sachant comment couvrir la Castille, et connaissant l'impuissance de son gouvernement à lui envoyer des renforts, s'adressa
à la province de Biscaye pour obtenir les secours dont il avait le
plus grand besoin ; cette province répondit par le plus chaleu-
reux accueil aux demandes qui lui furent faites, et ordonna sur le
champ une levée en masse de tous les hommes valides de 17 à
60 ans. Quelques autres provinces espagnoles offrirent spontanément de l'argent et des hommes, et se préparèrent à soutenir la
lutte.

Mais pendant ces grands préparatifs, la division Frégeville, à
laquelle la reddition de Saint Sébastien avait rendu sa liberté de
manœuvre, détacha deux bataillons en deux colonnes qui heurtè-
rent l'ennemi le 9 août vers cinq heures du matin et le refoulè-
rent après une très vive résistance. La gauche des Espagnols fut
débordée et les deux partis entrèrent pêle mêle dans Tolosa ; les

compuesta de los sres, siguientes : El Conde de Villafranca. D. Martin José
de Murua y Eulate y D Ramon de Gastanaduri. Tambien en la segunda
éligio à D. José de Vicente de Heriz, Asesor-présidente, y à D. Mateo de
Heriz. Secrétario de Juntas y Diputacions.

(1) Cit. B...
(2) Pièces justif.
(3) Moniteur.

Français furent vivement chargés dans les rues de Tolosa par le régiment de cavalerie Farnése qui fut à son tour repoussé par un escadron du 12ᵉ hussards ; Tolosa qui était l'objectif de Frégeville fut alors occupé par les troupes françaises ; l'armée espagnole se retira à Lécumberri.

Avant que l'expiration de ses pouvoirs proconsulaires ne vint l'atteindre, Pinet organisa deux petites expéditions qui terrifièrent le pays. Une dissension ayant éclaté entre la ville d'Azpeitia et la Biscaye, et les représentants attribuant à ces querelles des motifs politiques, 3 bataillons partirent de Tolosa le 26 août et passant par Regil s'emparèrent à Azpeitia des reliques de l'église de Loyola (1), ils suivirent la vallée qui unit cette dernière ville à Azcoïtia et arrivèrent bientôt sur les limites de la province de Guipuzcoa, incendiant selon les ordres qu'ils avaient reçus Eibar et Elgoïbar; ils chargèrent 5 charettes avec les trésors de leurs églises et de là, poussant jusqu'à Ermua, ils y mirent le feu et la livrèrent au pillage. Songeant alors au retour, ils firent leurs dispositions pour revenir sur leurs pas ; mais le tocsin sonnait de toute part et le fanatisme des habitants fut soulevé par la violation des choses qu'ils regardaient comme les plus sacrées. La contrée toute entière prit les armes, et lorsque les Français voulurent reprendre la route de Tolosa, ils trouvèrent les hauteurs occupées par de nombreuses troupes de paysans, soutenus par quelques corps de milice ; après un combat de plusieurs heures, la colonne expéditionnaire fut obligée d'abandonner son convoi qui resta au pouvoir des Espagnols (2) ; les Français, se rabattant alors sur leur droite, revinrent à Tolosa le 14 thermidor au soir, en passant par Placencia, Vergara, Arzuola, Villareal et Villafranca, toujours poursuivis, toujours combattants, mais jamais vaincus.

Les reliques et le trésor de Saint Ignace de Loyala furent transportés victorieusement à Vittoria, où elles furent l'objet d'une vénération toute particulière ; mais les trouvant encore trop près de l'armée française, et craignant pour elles l'audace des troupes républicaines, on les envoya à Madrid, où elles entrèrent accompagnées d'une procession à laquelle assista toute la famille roya-

(1) Dict. géographique.
(2) Cit. B...- Marcillac.- Moniteur

le ; le roi décida qu'elles seraient ensuite envoyées à l'armée pour lui servir de palladium (1).

Une autre colonne partit le 28, sous les ordres du chef de bataillon Schilt, et se dirigea rapidement sur Ondarroa ; elle devait, parraît-il, pousser jusqu'à Lequéitio, mais de nombreuses troupes de paysans armés ayant fait quelques démonstrations, elle revint sur ses pas, emmenant avec elle 20 habitants notables, en qualité d'otages.

CHAPITRE XII.

Moncey général en chef. — Camp retranché de Saint Sébastien. — Fortification d'Hernani et de Tolosa. — Position de l'armée espagnole. — Opération en Navarre près de Roncevaux. — Destruction du monument commémoratif d'Ibagnets.

Cet état de choses ne pouvait durer bien longtemps ; un nouveau remaniement se fit parmi les chefs de l'armée, Muller fut enfin remplacé par Moncey ; ayant obtenu sa retraite, il alla goûter un repos qu'il ambitionnait depuis longtemps, laissant à l'armée qu'il avait pour ainsi dire créée le souvenir de ses vertus et de son austérité ainsi que la mémoire des derniers succès qu'elle avait remportés sous ses ordres.

Les conventionnels Pinet et Cavaignac furent remplacés par Delcher, Baudot et Garrau ; il n'entre pas dans le cadre de ce travail de juger la conduite que ces représentants tinrent à l'armée à laquelle ils étaient attachés ; les faits que nous croyons avoir racontés jusqu'ici avec la plus grande impartialité n'ont pris place dans cet ouvrage que parce qu'ils sont étroitement liés à l'histoire militaire de cette armée, nous laisserons donc au lecteur le soin de discerner quelle fut la somme de bien ou de mal qu'ils apportèrent dans leur administration.

Le choix du gouvernement ne pouvait être mieux placé qu'en confiant le commandement en chef de l'armée à l'intelligent Moncey. Ce général, qui venait d'affirmer si vigoureusement ses talents militaires dans la conquête récente du Bastan, résolut de

(1) Mercure français.

faire prendre à l'armée une position nouvelle. Attendant tous les jours un renfort de 15 bataillons de l'armée de l'Ouest, il trouvait que l'occupation de Tolosa scindait la ligne française déjà démesurément étendue ; il avait, paraît-il, résolu d'évacuer cette place pour porter la plus grande partie de ses forces sur le camp retranché de St-Sébastien ; mais, au premier bruit de ce projet, Garrau accourut, s'y opposa et fit au contraire avancer le centre de l'armée à Tolosa qui n'avait été jusque là occupé que par des troupes légères.

Si l'on consulte la carte des provinces basques, on verra, qu'ayant ainsi placé sa droite à St-Sébastien et son extrême gauche dans la vallée d'Aspe, une partie de sa droite formait à Tolosa une sorte d'angle saillant qui eût pu être facilement pris ou taillé en pièces, si on eût eu affaire à un ennemi vigoureux et entreprenant.

Mais les Espagnols semblaient être frappés d'aveuglement ; au lieu de profiter des fautes que les représentants obligeaient le général Moncey à commettre, le comte de Colomera avait pris ses dispositions de combat, en élargissant encore son front de bataille ; au lieu d'attirer à lui toutes les troupes qu'il avait immédiatement sous la main, il chercha à couvrir Pampelune et la forteresse de Pancorbo, tandis que 12,000 hommes occupaient encore la vallée de Roncevaux qui aurait dû être évacuée depuis la prise du Bastan. Cette dernière division communiquait avec l'armée par un corps de 2,000 hommes environ qui, posté à Lanz et sur les hauteurs qui dominent la grande route de Pampelune, formait la droite de l'armée. La gauche couvrait la Biscaye en s'étendant le long de la Déva qui, après avoir pris sa source dans les montagnes de l'Olave, baigne Salinas, Ezcoriaza, Mondragon, Vergara, Placencia, et suivant les hauteurs qui séparent la Biscaye du Guipuzcoa, se jette à Deva dans le golfe Cantabrique ; cette rivière forme ainsi une ligne de défense, derrière laquelle pouvait très bien s'abriter une armée, mais non sans prendre de grandes précautions ; car, ce cours d'eau très irrégulier présentait de nombreux gués et passages. Profitant de cet obstacle, 4,000 hommes occupèrent cette rivière et les hauteurs d'Elosua, en arrière de l'Urrola ; le reste de l'armée royale, fortifiée par les nouvelles levées de Biscaye et de Navarre, prit des postes échelonnés et relia la division de gauche à l'armée de Navarre.

L'armée française, attendant de son côté pour reprendre l'offensive les renforts en marche de l'armée de l'Ouest, avait appuyé sa droite sur le camp retranché de St-Sébastien ; on fortifia la position de Tolosa, en faisant établir une redoute garnie d'artillerie à gauche de la route de Pampelune ; le pont pratiqué sur cette route fut fermé d'une solide barrière ; le couvent de Saint-François qui se trouve situé sur la droite de la route de Madrid en sortant de la ville, fut crénelé et la route coupée ; enfin, le château qui existait entre ces deux grandes voies de communications et qui les commande fut pourvu de créneaux et d'une bonne batterie.

Le général Moncey ne se contenta pas de ces travaux qui semblaient devoir être suffisants pour mettre l'armée à l'abri d'une surprise, comme plus tard Wellington à Torres-Vedras, il voulut élever un solide camp retranché dans lequel il eût pû, en cas d'échec, retirer ses troupes et se refaire à l'abri de toute insulte, sans cependant être obligé d'abandonner le terrain déjà conquis.

Nous ne croyons mieux faire, pour donner une exacte description de ce camp, qui devait être, s'il eût été achevé, un des plus beaux ouvrages de fortification passagère de cette époque, que de reproduire la relation qu'en donne le Citoyen B... dans son mémoire, dont nous avons pu apprécier la véracité.

« Le camp retranché qui couvrait St-Sébastien avait sa droite
« appuyée à la rade, et sa gauche à la rivière d'Urumea. On avait
« été obligé de porter la ligne fort en avant de la place, pour
« envelopper la seule fontaine qui pouvait lui fournir de l'eau.

« La ligne devait avoir à peu près mille toises de développe-
« ment. Elle commençait sur la droite à Lugaritz, où on devait
« établir une bonne redoute, elle continuait par Fagola et par
« Marigomesteguy, où elle avait la forme d'un ouvrage à corne,
« au milieu duquel passait le grand chemin de Saint-Sébastien à
« Ernany. Enfin, elle allait se terminer à la gauche à un mamelon
« fort élevé appellé Puyo, où l'on devait également construire une
« bonne redoute. La fontaine est placée à peu près sur le versant
« de ce mamelon, du côté de Saint-Sébastien.

« L'objet de ce camp retranché était de défendre les hauteurs
« qui dominent de très près (deux ou trois cents toises au plus) la
« place de Saint-Sébastien et de battre les débouchés d'Orio, d'Ur-
« subil, etc.

« On avait l'intention d'occuper d'une manière respectable la
« montagne d'Oriamendy, au sommet de laquelle on devait établir
« une batterie, dont l'objet était d'enfiler le chemin d'Ernany
« dans une assez grande longueur.

« Il règne un dos d'âne qui s'appuie d'un côté à cette montagne
« d'Oriamendy, et de l'autre au pont d'Ergobia. On devait établir
« des camps sur ce dos d'âne, dont la position est excellente
« pour défendre le débouché d'Ernany, et en même temps pour
« couvrir d'un autre côté la route d'Ernany à Oyarzun, et de
« l'autre celle d'Ernany à Saint-Sébastien.

« On devait, en outre, pour assurer davantage la défense du
« pont d'Ergobia, établir des retranchements au village d'Asti-
« garraga, sur un monticule. La position de l'église qui est avan-
« tageuse, devait être retranchée, ainsi que celle de la maison
« commune. Elles sont placées à droite et à gauche de la route,
« de sorte que leurs feux croisés auraient pû balayer le chemin
« depuis le pont d'Ergobia jusqu'au village d'Astigarraga. Avant
« que toutes ces dispositions qui n'ont jamais été effectuées en
« totalité, puisque de tout cela il n'a été achevé qu'une portion de
« 4 à 500 toises du camp retranché ; avant, dis-je, toutes ces dis-
« positions, on s'était occupé d'assurer le poste d'Ernany, point
« important et qui fut regardé, dès le premier moment de l'inva-
« sion, comme la position la plus propre à assurer notre défense.
« En conséquence, on établit à droite et à gauche du chemin
« d'Urnieta, sur deux mamelons éloignés de 200 toises à peu près
« du village, deux redoutes liées par une ligne qui coupait le
« chemin. On avait construit d'autres ouvrages près le village, et
« dans le village même, pour prendre des revers sur la rivière
« d'Urumea, et on avait porté en avant des deux redoutes un
« redan dont les feux plongeaient sur le village d'Urnieta et en
« défendaient le débouché. Enfin, pour donner à ces dispostions
« toute la résistance dont elles pourraient être susceptibles, on
« avait encore établi une troisième redoute à 60 ou 80 toises de
« l'église, en arrière des deux précédentes, pour prendre des
« revers sur le versant de la montagne de Sainte Barbe, et un
« fourneau avait été fait sous le pont qui est à l'entrée du
« village ».

Une partie de ces travaux ne furent jamais achevés, car les
troupes attendues depuis si longtemps arrivèrent vers la fin de

fructidor ; on distinguait principalement les célèbres 57ᵉ et 72ᵉ. Ce renfort portant alors l'effectif de l'armée française au chiffre imposant de 66 bataillon d'infanterie, 4 régiments de cavalerie et une nombreuse artillerie, les dispositions de combat furent immédiatement prises pour commencer une nouvelle série d'opérations.

On devait d'abord dégager la gauche de l'armée qui, se trouvant encore en France, avait devant elle la plus redoutable portion de l'armée espagnole; déjà, le 18 fructidor, un corps nombreux d'infanterie ennemie pénétra dans la vallée d'Aspe par le col de la Marie et se porta en avant sur trois colonnes. Le général Robert qui commandait la vallée, réussit avec 600 hommes et quelques gardes nationaux à les repousser ; 150 gardes vallones désertèrent et joignirent les troupes républicaines ; devant cette tentative il fut décidé par le conseil que les opérations seraient commencées en essayant de débusquer l'ennemi de la vallée de Roncevaux qu'il occupait en nombre; on devait, pour arriver à ce résultat, faire converger plusieurs colonnes, parties de points différents, et qui auraient pour objet de couper l'ennemi de sa base d'opération en lui faisant mettre bas les armes.

L'exécution du plan projeté présentait de grandes difficultés ; il fallait porter avec promptitude et en secret une quinzaine de mille hommes d'Elizondo et Saint Esteban jusqu'à Lanz en Navarre ; de là s'étendant sur la gauche en plusieurs colonnes, ces troupes devaient aller se lier avec une division de 6,000 hommes qui, partie de Tardets par les montagnes d'Erroymendy et de Larrau et traverse le village d'Ochagavia dans la vallée de Salazar et fut venu occuper les hauteurs de Villanova, au dessous d'Orbaïcet et des fonderies royales ; ces deux colonnes réunies eussent alors fermé d'un cordon étroit de troupes choisies la division espagnole qui, vigoureusement pressée de front par les soldats républicains rassemblés à Saint Jean Pied de Port, eût été obligée de se rendre. Ce plan, admirablement conçu (1), exigeait surtout une grande promptitude d'exécution ; les colonnes qui devaient converger vers le même point se trouvaient à une distance énorme et dans un pays très difficile, coupé de montagnes et de gorges, dont il

(1) Citoyen B. . — Marcillac. — Moniteur. — Soraluce. — Archives de Bayonne.

fallait en cas d'échec s'assurer la possession ; de plus, la division de Tardets avait la chaîne des Pyrénées à traverser et se voyait obligée de se servir d'un certain nombre de guides ayant une connaissance absolu du terrain. En outre, 9 bataillons devaient faire une démonstraction sur Lecumberry pour y occuper l'ennemi, tandis que 6 autres bataillons formés en deux colonnes devaient relier cette division aux troupes maîtraisses de Lanz.

Le mouvement commença le 25 vendémiaire à minuit ; le général de divison Delaborde sortit d'Elizondo avec 5 bataillons d'infanterie, 2 bataillons de grenadiers et 240 hussards. Après avoir suivi quelque temps la grande route de Pampelune, il passa le col de Velate, qui, quoique couvert par des retranchements et défendu par 2,000 hommes environ, fut emporté sans combat ; après y avoir laissé un poste, la colonne reprit sa marche, et s'empara de Lanz où elle arriva à 9 heures du matin. Le général Delaborde y attendit la seconde colonne qui, formée de 7 bataillons et de 4 escadrons de hussards et dragons, arrivait de St-Estevan ; elle le rejoignit à Lanz, où ces troupes passèrent la nuit ; le 26 après avoir laissé un bataillon sur les hauteurs, les deux colonnes arrivèrent à Euguy en traversant le col de Iragui et trouvèrent ce village déjà évacué par les Espagnols.

Cette partie de la vallée était commandée par le maréchal de camp Don Antonio Filanghiery ; en voyant déboucher les colonnes françaises, il se retira sur le camp de Cruchespil où il espérait retrouver le duc d'Ossuna, mais ayant voulu essayer de reprendre un convoi qui venait de tomber entre les mains des républicains, il fut si vivement attaqué sur la montagne de Merquiriz où il s'était mis en bataille, qu'en un instant il eut 200 hommes tués et 780 prisonniers ; les débris de sa division rejoignirent immédiatement le gros des troupes espagnoles au fort de Burguete, et la division française qui avait ordre de marcher jusqu'à ce qu'elle eût atteint ce point, heureuse de ce premier succès, commit la faute de ne pas suivre à la lettre les ordres précis de l'état major général, elle s'arrêta au village de Viscarret, pour y passer la nuit ; on verra combien furent grandes les conséquences de cet oubli.

La seconde division, forte de 7 bataillons et commandée par le général Marbot, ayant sous ses ordres le général de brigade Rou-

cher et les adjudants généraux Junker et Morand (1), était déjà
depuis plusieurs jours concentrée à Tardetz ; elle ne se mit en marche que le 23 vendémiaire, car deux jours venaient d'être accordés
aux soldats pour se reposer ; elle avait une plus grande distance
à franchir pour joindre l'ennemi, elle eût dû partir le 21, car les
jours qu'elle venait de perdre l'avait mise sensiblement en
retard; pendant la journée du 24 elle atteignit Larrau, petit village
français très rapproché de la frontière, et là, pour mieux déter-
miner le mouvement enveloppant, la division se fractionna en trois
colonnes ; les deux premières devaient passer par Jalou, et la
troisième par les montagnes d'Abodi. Les Espagnols avaient confié la défense de cette vallée à un officier de mérite ; Don Manuel Cagigal, après avoir fait prévenir le duc d'Ossuna de l'appa-
rition de fortes colonnes françaises, se prépara à résister aussi
longtemps que possible dans Ochagavia, qui avait été couvert par
quelques ouvrages de campagne ; malgré son courage, il fut obligé
d'évacuer ce village que les Français occupèrent aussitôt ; le soir
du 25 deux colonnes de cette division y firent leur jonction et, se
portant rapidement sur Villanova en traversant la Sotoya, enlevè-
rent un détachement espagnol qui occupait ce village, et les avant-
postes français parurent ce même jour jusque sous les murs de
Burguet ; la troisième colonne qui venait d'atteindre les montagnes d'Abodi en suivit la longue crète et fut investir la fonderie
d'Orbaïcet, soudant ainsi le dernier chaînon de la ligne d'inves-
tissement.

Malheureusement il restait entre les colonnes de Tardets et celle
d'Oyarzun un large espace vide qui servit plus tard à laisser
échapper l'armée espagnole. On demeure confondu en voyant
que les généraux commandant ces deux divisions n'aient pas
songé à combler cette lacune en se mettant en contact, où n'aient
pas du moins occupé la route qui, traversant la vallée d'Arce et
le village de Aoiz, donne une libre communication avec Pampelune ; quoiqu'il en soit, le 28 vendémiaire, le général en chef,
croyant les préparatifs terminés, commença l'attaque.

La division de Saint Jean Pied de Port, commandée par Mauco,
avait été portée dès le 25 en face de la fonderie d'Orbaïcet, sur le

(1) Citoyen B... Marcillac.— Moniteur, lettre du général commandant
en chef l'armée des Pyrénées Occidentales au comité du salut public,

plateau d'Iropil ; elle pouvait de là et au premier coup de feu
s'emparer des cols de Roncevaux et de la fonderie d'Orbaïcet ;
cette importante fabrique de boulets avait été couverte par de
fortes palissades protégées de fossés, elle était en outre défendue
par une ligne de redoutes dont les plus importantes, celles d'Ur-
culu et d'Altobiscar, se voient encore de nos jours, le tout muni de
bonnes palissades, épaulements, chevaux de frise et armés de
pièces de canon.

Le général commandant la colonne de Tardets devait commencer l'attaque, il lui était ordonné de menacer la garnison de la
fonderie de la passer au fil de l'épée si elle ne se rendait pas immédiatement, et sur son refus de faire immédiatement procéder
à l'attaque ; la sommation fut faite, le chef du poste de Medina
Silon qui défendait la fonderie, Don Isidore Zereceda (1), refusa
de se rendre, le général français n'attaqua pas, et le lendemain il
trouva le fort et la fonderie évacués par les Espagnols, qui au
nombre de 2,400 hommes d'infanterie traversèrent le col de Novala
et furent rejoindre à Aoiz le duc d'Ossuna qui s'y trouvait déjà.

Voici ce qui était arrivé au général Espagnol ; attaqué le 26
vendémiaire au matin, par le général Castelpers, avec trois bataillons, les avant-postes espagnols furent repoussés jusqu'au camp
de Cruchespil qui se trouvait sous les ordres du colonel Figaroa ;
recevant de tous côtés les plus mauvaises nouvelles, car on voyait
partout déboucher les têtes des colonnes françaises, Ossuna ordonna au duc de Frias qui se trouvait à Atalosty d'envoyer des
renforts ; 600 hommes de troupes fraîches joints au reste de l'armée attaquèrent les Français et leur mirent 400 hommes hors de
combat, mais ils reprirent bientôt l'avantage. Le général Du-
mas (2) attaqua la fonderie d'Euguy et l'enleva après une très
vive résistance. Le duc d'Ossuna vit bientôt que la position qu'il
occupait était impossible à garder plus longtemps et se dérobant
brusquement pendant la nuit du 26 il évacua le Burguete en incendiant le village, et descendant la vallée d'Arce, il arriva avec 8,000
hommes à Aoïz où il fut rejoint par la garnison d'Orbaïcet.

Ce plan qui fut avec celui de l'invasion du Bastan un des plus
beaux qui eût été conçu par l'état major de l'armée des Pyrénées

(1) Nous ne savons pourquoi, le citoyen B..., dont les renseignements
sont toujours si justes, nomme cet officier Cannada Ibanez.
(2) Le père de l'illustre romancier.

Occidentales, fut loin de donner les résultats qu'on en avait espé-
rés ; la lacune laissée entre les deux colonnes ayant permis à l'armée espagnole de se dérober en grande partie, la position devenait critique pour les divisions françaises qui occupaient ces
vallées ; au lieu de la complète destruction du corps d'armée de
d'Ossuna, le seul résultat appréciable avait été, en fatiguant le
soldat et mécontentant les chefs, de faire perdre à l'ennemi 1,500
hommes tués ou blessés, la possession des ruines des fonderies
d'Euguy et d'Orbaïcet que les Espagnols avaient incendiées en les
évacuant, et enfin, ce qui fut plus précieux, 50 pièces de canon et
une immense quantité de grains et fourrages dont l'armée avait
le plus pressant besoin.

Deux colonnes avaient été formées, ainsi que nous l'avons dit,
pour opérer une diversion ; 6 bataillons commandés par le général Pinet devaient lier la droite de l'armée d'opération avec Tolosa. Le 25 vendémiaire à minuit, cette colonne commença son
mouvement et se porta d'Oyarzun sur Goïzuet, petit village du
royaume de Navarre, en chassa quelques centaines de paysans
armés, et franchissant les hauteurs qui la séparaient de la montagne
de Zubieta, elle s'empara du col et y bivouaqua. Elle repartit le
27 à 1 heure du matin, et après une journée de la marche la plus
pénible à travers un pays affreux, elle arriva à 9 heures du soir
sur les hauteurs de Gazcue, Guebbenzu et Arosteguy entre Lanz
et Pampelune, elle fermait ainsi le passage aux Espagnols, dans
le cas peu probable où ceux-ci eussent fait une trouée ou repoussé
la droite de l'armée d'opération.

Enfin la division de l'extrême droite, formée en deux colonnes,
se portait en avant dès le 24 vendémiaire ; l'une d'elles, sous les
ordres du chef de brigade Leferron et forte de 5 bataillons d'infanterie, partit d'Andoain sur Arezo en Navarre en suivant la rive
gauche du Leizaran. La seconde colonne, dirigée par Frégeville,
sortit de Tolosa au nombre de 4 bataillons ; ce général attaqua le
25 au matin le village de Garriti qui, défendu par 1,500 Espagnols
lui offrit une vive résistance, mais rien ne put résister à l'entrain
et au courage des troupes républicaines, le village fut emporté et
et l'ennemi s'enfuit en désordre. La colonne marcha alors sur
Lecumberri, son objectif ; la grande route de Pampelune qui
passe à quelque distance d'Areso et s'étend jusqu'à Lecumberri,
permit aux Français de se porter rapidement sur ce point, pen-

7

dant que les bataillons de Laferron couvraient leur gauche en
suivant les crêtes de la chaîne qui s'étend d'Areso à Lecumberri.
Quand les deux colonnes combinées arrivèrent à ce village, elles
le trouvèrent évacué ; les troupes espagnoles qui l'occupaient
s'étaient retirées à Pampelune.

Ainsi se conclurent ces opérations qui devaient produire de si
beaux résultats. Suivant le Citoyen B... le général Pinet aurait,
paraît-il, reçu l'ordre de se porter par un retour sur sa gauche jusqu'à Le tasa ; les guides, dit-on, l'égarèrent. On peut, en jetant
un coup d'œil sur la carte de la Navarre, s'assurer de l'admirable
disposition prises par nos troupes ; malheureusement, une solution de continuité existait entre les colonnes de Digonet et la
division de Tardetz, elle suffit pour laisser échapper l'ennemi ;
Pinet n'obéit pas, ou ne sut pas obéir aux ordres de l'état major
général qui, s'ils eussent été exécutés à la lettre, eussent fait tomber la garnison de Lecumberri entre les mains de Frégeville qui
s'avançait pour la recueillir. Ces deux fautes doivent sans doute
être attribuées à l'ignorance des chemins, à l'absence de bonnes
cartes qui obligèrent les généraux à se servir de guides quelquefois infidèles. De toute façon le but principal fut manqué, Pampelune, renforcée par toutes les troupes de la vallée et commandée
par le duc d'Ossuna, pouvait maintenant supporter un coup de
main ; le manque d'équipage devait empêcher de longtemps les
troupes régulières de tenter un siège régulier.

La vallée et ses débouchés restèrent cependant entre les mains
des Français et furent les seuls trophées de leur victoire. A la
prise de Roncevaux se rattache un très curieux épisode qui a été
jusqu'ici diversement raconté. Près de l'antique abbaye, se trouvait une pyramide dressée depuis de longues années par les Na-
varrais : monument commémoratif, il témoignait encore de la
victoire remportée par les Basques sur l'armée de Karles le
grand (1). La division de Saint Jean Pied de Port qui s'empara du
col d'Ibañeta où cette pyramide était dressée, la détruisit de fond
en comble ; voici selon le *Moniteur* l'intéressante relation de ce
fait :

(1) Ce fait d'armes se trouve relaté, dans une chanson apocryphe en
langue euskarienne et qui fut, dit-on, exhumée des archives de Saint-Sébastien par Latour d'Auvergne, meilleur tacticien que linguiste. Voir
l'*Avenir de Bayonne.*

« Les représentants du peuple près l'armée des Pyrénées
« Occidentales au président de la Convention.

« L'armée des Pyrénées Occidentales, remportant à Eguy une
« victoire le 26 et 27 vendémiaire, a vengé une ancienne injure
« faite à la nation française. Nos ancêtres, du temps de Charlema-
« gne furent défaits dans la plaine de Roncevaux. Les Espagnols
« avaient élevé une pyramide sur le champ de bataille. Vaincu à son
« tour par les français républicains, déjà son propre sang en avait
« effacé les caractères il ne restait plus que le fragile édifice qui
« a été brisé à l'instant, le drapeau de la république flotte aujour-
« d'hui là où était le souvenir mourant de l'orgueil des rois et
« l'arbre de la liberté a remplacé la massue destructive des ty-
« rans ; une musique touchante et guerrière a suivi cette inau-
« guration.

« On a trouvé plusieurs pièces d'artillerie sous les décombres
« du beau village du Burguet incendié par l'ennemi, ainsi que
« plusieurs malades espagnols et prisonniers français.

« BAUDOT, GARRAU ».

La légende racontait que la massue de Roland, le neveu de
Karles, et les pantoufles de l'archevèque Turpin, qui s'était
déchaussé pour courir plus vite, avaient été déposés sous la pyramide ; le prince de la Paix mentionne ce fait dans ses mémoires :
et dit que les représentants firent tous leurs efforts pour retrouver
ces reliques d'un autre âge. Le même auteur ajoute non sans
amertume (1) :

« Ce bizarre document, digne du héros de Cervantés, porte la
« signature des conventionnels Baudot et Garrau. En vérité, la
« valeur et la gloire militaire des Français n'avaient guère besoin
« que cette chétive guirlande fut ajoutée à tant de lauriers ; faible
« dédommagement de beaucoup de sang versé ! mais les repré-
« sentants voulaient jeter de l'éclat sur une entreprise man-
« quée (1) ».

_____

(1) Quoique le prince de la Paix mette en doute l'existence des trophes
cherchés avec tant de soin par les représentants, il n'en est pas moins
vrai qu'on montre encore de nos jours des objets ayant appartenus aux
paladins et qui sont conservés dans la bibliothèque de l'abbaye. Voici du
reste ce qu'en dit Chaho dans son Itinéraire : Du pas de Roland, à la
vallée de Roncevaux, jusqu'à la plaine où les montagnards livrèrent
bataille à l'arrière garde de l'armée de Charlemagne, dans la Navarre
espagnole, entre les villages de Roncevaux et de Burguette, la distance est

Elle l'était en effet, mais jusqu'à un certain point ; du reste nous ne savons jusqu'où on peut ajouter foi aux railleries du duc d'Alcudia quand on le voit accuser chez les Français pendant ces dernières opérations une perte de 3,000 hommes quand elle ne fut en réalité que de 500.

CHAPITRE XIII

Positions de l'armée républicaine. — Les moyens de transport. — Difficulté de l'alimentation des troupes. — Équipage de siége. — Combat de Lecumberry.— Affaire de Vergara. — Retraite de l'armée française. — Nouvelles positions.

Il fallut pour le moment abandonner toute idée d'assiéger Pampelune, mais, ne voulant pas perdre les bénéfices des opérations précédentes, et contre l'avis du général Moncey qui eût voulu ramener en arrière ses troupes victorieuses, les représentants, usant de leur pouvoir absolu, ordonnèrent au général Lespinasse de se rendre à Bayonne pour y préparer les éléments nécessaires à un équipage de siége. Pendant qu'il y employait toute son activité, les représentants contraignirent le général en chef à établir

d'une douzaine de lieues à vol d'oiseau. Le paladin trouva la mort dans cette plaine, qui porte aujourd'hui le nom de Pré-de-Roland. On y va de la Navarre française par Luzaïde et le Val-Carlos. Les moines de l'abbaye de Roncevaux sont de l'ordre des grands Augustins, et la richesse de cet ordre est telle, que les pieux cénobites peuvent traverser à pied toute l'Espagne jusqu'à Cadix, en logeant toujours dans leurs couvents. Les Augustins de Roncevaux conservent précieusement comme trophées quelques armes qui ont, dit-on, appartenu à Roland ; une longue barre de fer, grosse comme le bras, terrible massue ; deux petits boulets de fer attachés par de courtes chaînes aux deux extrémités d'un manche de deux pieds de long ; le gantelet du paladin et ses bottines ou bottes gigantesques, preuve évidente que Roland avait des pieds et des mains comme on n'en voit plus que dans les contes de fées et dans l'histoire des ogres.

Le lecteur, pas plus que l'Itinéraire, n'aura la simplicité de prendre au pied de la lettre les récits des bons moines et l'exhibition de ces trophées historiques. N'oublions pas les pantoufles de velours rouge et les guêtres de soie cramoisie de l'archevêque Turpin. Des trophées moins suspects sont les ossements énormes recueillis dans la plaine spacieuse qui sert d'entrée au Val-Carlos, et que, plus d'une fois, le chapelain de Roncevaux vendit, au poids de l'or, aux pélerins de France, comme un curieux monument de la haute stature de leurs ancêtres.

(Biarritz entre les Pyrénées et l'Océan, itinéraire pittoresque, par A. Chaho. Bayonne, Andréossay, éditeur, 2 vol).

l'armée d'opération sur les positions suivantes : formé en quatre divisions sous les ordres des généraux Frégeville, Marbot, Delaborde et Manes, la première d'entre elles fut cantonnée à Lecumberry sur la route de Pampelune et poussa sa droite jusqu'à la frontière du Guipuzcoa ; la seconde à Igoa occupa par des détachement Garzaie, Latassa, et même Aztiz et embrassa tout l'espace compris entre Lecumberry et son quartier général ; la troisième division s'établit à Larrasoana, Viscarret et dans la vallée de Erro ; enfin la quatrième occupa la vallée de Roncevaux, les villages de Burguets, Aribe, Garralda, Orbaïcet, Orbara, Villanuova et, garantissant soigneusement ses communications avec la France, couvrait en même temps Saint Jean Pied de Port.

On prit ainsi au préalable toutes les précautions les plus minutieuse pour ne pas se laisser entamer et on songea enfin à travailler à la prise de Pampelune ; ce siège qui était le vœu le plus ardent des représentants et d'une grande partie de l'armée, trouvait cependant un obstacle chez le général en chef.

Le sage Moncey ne voyait pas sans inquiétude l'armée cantonnée dans un pays presque stérile, ne produisant que peu de subsistances, et qui devait promptement épuiser les maigres ressources de l'armée. La difficulté des transports de vivres destinés à l'alimentation des troupes était telle que, les chevaux manquant presque totalement, il avait fallu réquisitionner en masse les bouviers des départements voisins ; les bœufs qui se trouvèrent être l'unique moyen de locomotion entre Bayonne et les vallées, moururent en foule et engendrèrent peut-être cette épidémie qui devait bientôt sévir avec une si grande rigueur. Mais, au lieu de prévoir ces terribles événements, on s'obstina à vouloir tenter le siége de Pampelune ; le général Lespinasse qui avait si bien dirigé l'artillerie de la division de Saint Jean Pied de Port pendant les dernières opérations, s'occupait alors à Bayonne de la formation d'un équipage de siége destiné à cette entreprise.

Il n'avait jusqu'alors existé de parcs qu'à Douai et à Strasbourg (1), et depuis longtemps déjà le général Lespinasse, prévoyant la nécessité d'un armement de ce genre, y travaillait en secret. Non content d'avoir formé des compagnies d'ouvriers armuriers auxquels il fit remettre en état les 35,000 fusils enlevés

(1) Citoyen B... Histoire de l'artillerie, Général Suzanne.

aux Espagnols, il rassemblait encore avec célérité les ouvriers spéciaux qui manquaient à l'arsenal de Bayonne et qu'il fit venir de Bordeaux ; il forma ainsi en très peu de temps une compagnie de 300 ouvriers d'artillerie qui étaient appelés à rendre les plus grands services (1).

L'artillerie prise par les troupes républicaines à Irun, Fontarabie et Saint Sébastien se composait de magnifiques pièces du même calibre que les nôtres, les affuts seuls faisaient défaut, tous ceux qu'on avait étaient complètement pourris et hors d'usage. Le général Lespinasse, chargeant des navires qu'il affrétait au Passage, à Saint-Sébastien et à Bordeaux, fit abonder à l'arsenal de Bayonne dont il dirigeait toujours les constructions, les bois, fers et charbons qui lui manquaient ; la fabrication des portes-corps, triqueballes, affuts, coffres à munitions, enfin tous les engins nécessaires à un parc de cette importance fut poussée avec la plus grande activité, et « Bayonne vit sortir de son arsenal un « équipage de 120 pièces de gros calibre, pourvues de tous les « approvisionnements nécessaires à des trains d'artillerie aussi « considérables, et auxquelles il n'y avait que des chevaux à atte- « ler (2) ». Ils devaient manquer longtemps. On doit aussi mentionner un pont de chevalets, qu'il fit construire par le citoyen Dupré, ancien chef d'ouvrier d'état, et qui devait permettre de passer les rivières peu profondes mais rapides des contrées où l'armée française était appelée à manœuvrer. Enfin un équipage de campagne pour une armée de 60 bataillons fut

_____

(1) Nous trouvons dans le registre B. des arrêtés du district et du département, (Archives de Bayonne) que le 22 brumaire 3ᵉ année : « Il est fait « lecture d'une lettre du colonel Ducos, sous directeur de l'arcenal à « Bayonne, en date de ce jour, invitant la municipalité à lui céder, pour « le service de l'artillerie, quelques vieux livres d'église qui se trouvent « à la maison commune ; il a été délibéré qu'il sera répondu au sieur « Ducos : qu'il existe véritablement de ces livres à la municipalité, mais « qu'il doit en faire la demande au Directoire du district. » D'un autre côté, M. l'abbé Duvoisin, dans sa vie de M. Daguerre, cite un arrêté du 25 germinal an II émanant de Pinet et Cavaignac, pour livrer à l'administration de la marine, « afin d'être employés à faire des gargouses, tous les anciens livres d'églises, toutes ces *ordures machiavéliques*, dit l'arrêté, qui une fois en la vie seront utiles à la patrie. Enfin, «M. Bernadou, dans son mémoire sur M. Dulaurens et les archives de Bayonne, cite un extrait de l'arrêté du 7 frimaire an III ordonnant « la destruction des vieux titres, et des parchemins imprimés et écrits existant dans les dépôts nationaux, etc. »
(2) Le général Lespinasse, Galerie Historique.

promptement rassemblé, mais on eut une peine inouï à se procurer les chevaux destinés à l'atteler.

Cependant la mauvaise saison s'avançait rapidement, la prudence la plus élémentaire réclamait impérieusement une retraite qui eût permis aux troupes de prendre leurs quartiers d'hiver ; les représentants dont l'autorité était encore toute puissante, et que la prise de Pampelune attirait de plus en plus, mirent alors tout en œuvre pour vaincre la sage résistance du général Moncey et pour reprendre les opérations. Les hostilités avaient été interrompues depuis les derniers évènements ; à part quelques courses et quelques villages pris, repris et incendiés par les deux partis, les troupes semblaient par un accord tacite prendre un repos qui leur était légitimement dû ; mais en octobre le général Urrutia ayant évacué la partie de la Navarre qu'il occupait et s'étant retiré jusqu'à Irurzun, les Français s'emparèrent aussitôt de tout le pays qu'il venait d'abandonner, et la division du centre que ce mouvement obligeait à marcher en avant s'empara à son tour de la vallée d'Uzama. Mais ce ne fut que le 4 frimaire que le général Marbot, qui occupait l'extrême droite, recommença les opérations ; placé entre Lecumberry et Olague à l'extrême avant-garde de l'armée, il attendit que sur sa droite le général Pinet avec 2 bataillons d'infanterie et un demi escadron de dragons eût fait une démonstration sur le village de Navaz ; après une très vive résistance la position fut enlevée, et les troupes républicaines arrivèrent bientôt en vue d'Irurzun ; ce village dont l'importance stratégique est grande fut promptement secouru par le général Urrutia qui y accourut avec de nombreux renforts ; la gauche de la division, qui s'était toute entière ébranlée aux bruits des succès de son avant-garde, fut ramenée par un gros de troupes ennemis ; les Français furent bientôt forcés de battre en retraite et toujours combattant ils évacuèrent simultanément les villages de Olaiz, Olague et Sorauren et ils se réfugièrent sur les hauteurs d'Ortiz à droite du chemin de Pampelune. La situation ne laissait pas que de devenir des plus critiques pour ces troupes qui, ayant complètement épuisé leurs cartouches, attendirent avec anxiété l'attaque du jour suivant ; elles furent en effet attaquées à la pointe du jour, et les Espagnols commençaient à gagner du terrain, lorsqu'un bataillon basque commandé par le général Harispe et qui, parti de Zubéri la veille, venait d'exécuter à tra-

vers les montagnes une marche aussi longue que pénible, vint
brusquement les prendre en queue ; l'effet produit fut extraordinaire, car, au même instant, les Français, reprenant courage à la
vue de ce renfort inespéré, fondirent à la baïonnette sur les ennemis et en firent un massacre épouvantable (1). Selon le citoyen B.
près de 600 Espagnols restèrent sur le terrain, on fit très peu de
prisonniers, la plupart de ceux qui tombèrent vivants entre les mains
des Français furent impitoyablement massacrés après l'action.
Une loi avait été décrété ordonnant la guerre à mort, elle fut exé-
cutée à la lettre en cette circonstance. Des officiers humains sau-
vèrent la vie à quelques hommes en les faisant passer pour déserteurs. Environ 400 français furent mis hors de combat dans ces
deux journées (2). Mais les Espagnols, ayant reçu de nombreux
renforts, recommencèrent à devenir menaçants, ils s'essayaient
sans cesse à de petites courses sans importance il est vrai, mais
dont la fréquence fatiguait beaucoup les troupes républicaines ;
on se souvient sans doute que les quatre divisions qui occupaient
la Navarre, se trouvaient séparées par de larges espaces que la
nature du terrain empêchait de combler ; il eût en effet été facile
au comte de Colomera, dont les troupes étaient beaucoup mieux
concentrées, de se former en une épaisse colonne, et secouant
cette torpeur dans laquelle il paraissait plongé, il pouvait s'avancer entre les divisions de gauche et de droite, mettre l'une et
l'autre dans le plus grand péril. Cet état de choses n'échappait
ni aux regards clairvoyants de Moncey, ni à l'état major général,
et grâce aux plus pressantes instances faites auprès du gouvernement, il reçut enfin la liberté des manœuvres qu'il avait si longtemps ambitionnée; elle lui permit de passer outre la volonté des
représentants attachés à l'armée qu'il commandait et de ne plus
prendre conseil que de lui-même. Du reste, le besoin de repos se
faisait vivement sentir ; les transports réclamaient une réorganisation complète; le soldat mal nourri endurait de grandes souffran-
ces, et les effectifs diminuaient rapidement, soit par des déser-
tions, soit par de fréquentes entrées aux hôpitaux qui commencè-

(1) Moniteur, — Marcillac.
(2) Les habitants de Pampelune, regardant la défaite des Français
comme certaine, étaient sortis en foule de la ville, pour jouir de ce spec-
tacle. Au moment où la fortune se déclara contre les armes espagnoles,
pleins d'épouvante, ils se précipitèrent en tumulte vers la ville, croyant
déjà voir sur leurs remparts les agiles chasseurs de Baïgorry (Cit. B...)

rent à devenir insuffisants. Les ordres furent enfin donnés pour
battre en retraite dès le 9 frimaire; mais ne voulant pas, après des
succès éclatants, évacuer un territoire que personne ne lui
disputait encore, et voulant couvrir par une utile diversion cette
marche en arrière, le général Moncey se proposa d'attaquer
Vergara sur sa droite, tandis que la gauche évacuerait une
partie de la Navarre.

Dès le 6 frimaire, 6 bataillons, commandés par le général Frégeville ayant sous ses ordres le général de brigade Merle, quittèrent
Lecumberri, et se dirigèrent sur Vergara occupé par le général
Espagnol Ruby à la tête de 4,000 hommes (1). Frégeville devait
descendre un peu sa gauche, et traversant Lecunza et Salvatière,
en Alava, Legura, Salinas et Mondragon en Guipuzcoa, se placer
sur les derrières de la division espagnole, pendant que 4 bataillons dirigés par le général Laroche et partant de Tolosa le 7 iraient
assaillir de front les Espagnols ; 2 bataillons conduits par le général Schilt et venant de Guétaria devaient concourir aux succès de
l'opération. Mais au lieu de suivre l'itinéraire qui lui fut tracé,
Frégeville qui selon certains documents fut égaré par ses guides,
se rabattit sur sa droite, et évitant Salinas et Mondragon il ne put
couper la retraite aux troupes espagnoles; car le général Laroche,
franchissant en une marche la distance qui le séparait de Vergara,
se trouva le 8 à midi en présence de l'ennemi ; bientôt réuni au
général Schilt, les deux divisions combinées résolurent d'attaquer
aussitôt.

Peu d'instants après leur arrivée, la colonne de grenadiers,
commandée par le chef de bataillon Gravier, commença l'attaque
en se faisant précéder de quelques compagnies d'infanterie légère ; celles-ci se déployant en tirailleurs ouvrirent sur l'ennemi un
feu si précis que la division espagnole ne tarda pas à se débander,
laissant 150 morts et 200 prisonniers entre les mains des Français. Ils se retirèrent d'abord jusqu'à Salinas ; le désordre était
tellement grand dans ce malheureux corps de troupes que le
général Ruby qui avait failli être fait prisonnier au moment où il
allait se mettre à table, fut poursuivi un instant par un tambour

(1) Compendio historico de los servicios de la villa de Bilbao en la
guerra con la nation francesa, publicada por nostra corte, en lano de
1793,armes,con superior permiso, en la imprenta de la viuda de Ibarra
ano 1800. gr. in 8°. 225 pp.

de grenadiers qui le sabre au poing cherchait à s'emparer de sa personne ; il réussit toutefois à recueillir l'habit brodé du général qu'il revêtit et dont il se para pendant plusieurs jours (1). Ce général qui fut depuis fortement blamé par les historiens espagnols, n'avait pris aucune des précautions nécessaires pour se couvrir ; quoique ayant sous ses ordres d'excellentes troupes parmi lesquelles se trouvaient la garde Wallonne, le régiment de Médina Cœli et les volontaires de Guipuzcoa, il perdit la tête aux premiers coups de feu, et abandonna sans combat des positions considérées jusqu'alors comme inexpugnables, ou qu'il eût été du moins très difficile de lui ravir.

Frégeville, débouchant par Anzuola, n'arriva que l'action terminée ; Vergara tomba entre les mains des vainqueurs ; on recueillit de nombreux trophées, et en outre de nombreux prisonniers appartenant presque tous à la garde wallonne, on prit l'unique pièce de canon que cette division possédait et 4 drapeaux : un de la garde, les deux de Medina Cœli et celui du bataillon des volontaires de Guipuzcoa. On trouva au quartier général de Vergara, les caisses militaires, d'immenses quantités de munitions de guerre et de bouche, 5,000 fusils et carabines ; Vergara fut pillée, et disent les représentants du peuple, on recueillit dans la maison du général en chef : « une quantité considérable de ma- « tières d'or et d'argent provenant des vases et des églises que le « pieux général avait dévotement pillées lui-même pour éviter la « profanation des Français (2).

Après avoir laissé le général Schilt avec sa colonne à Azpeitia et Azcoïtia dont la possession fut ainsi sauvegardée, Frégeville revint à Tolosa où l'appelait l'inauguration des drapeaux récemment envoyés à l'armée des Pyrénées Occidentales. La fête fut des plus solennelles, les troupes formèrent le carré en présence des prisonniers, et les drapeaux espagnols foulés aux pieds ; ils furent ensuite envoyés à la Convention nationale.

Les Espagnols, étourdis par ces nouveaux revers, laissèrent les divisions de Navarre opérer leur mouvement de retraite sans y opposer d'obstacle. Le 9 frimaire, ce qui restait de la division Frégeville à Lecumberri qui venait du reste d'être renforcé par

(1) Moniteur.
(2) Moniteur. Archives de Bayonne.

quelques bataillons venus de l'extrême gauche, où le besoin s'en faisait moins sentir, revint à Tolosa ; le général Marbot et sa division à Lesaca et sur les Cinco-Villas ou il se cantonna ; la division de Delaborde occupa la vallée de Bastan, et le général Mauco qui s'étendait à l'extrême gauche, revint à Saint Jean Pied de Port, par les défilés d'Orisson et des Aldudes. L'armée française présentait ainsi une ligne oblique bien homogène et qui, partant d'Ascoitia jusqu'à Saint Jean Pied de Port, couvrait la frontière et les ports de Bayonne, Passages, Saint Sébastien et Guétaria, où de nombreux corsaires trouvaient facilement des refuges pour les prises dont ils ne cessaient d'alimenter l'armée.

Les Espagnols, en voyant un mouvement aussi bien indiqué, se concentrèrent un peu plus et appuyant leur droite aux Aldudes, occupèrent Euguy et Orbaïcet ; ils portèrent leur centre dans la vallée d'Ulzema et leur gauche à Lecumberry et au col d'Arraitz. Cette partie de l'armée était sous les ordres du maréchal Filanghieri.

La campagne se termina par un retour offensif des Espagnols qui contraignit une colonne française essayant de passer la Deva à une prompte retraite et les forcèrent même à évacuer Vergara qu'ils occupaient encore et où l'ennemi s'établit.

CHAPITRE XIV.

Campagne de 1795. — Une épidémie affaiblit l'armée. — Mouvements contre Ascarate. — Bruits de paix. — Lettre de l'ayuntamiento de Saint Sébastien. — La Biscaye. — Passage de la Deva. — Prise d'Izurzun. — Entrée à Durango. — Prise de l'Alava. — Entrée à Bilbao.

L'armée française, définitivement établie dans ses quartiers d'hiver, comptait alors 76 bataillons d'infanterie et 3 régiments de cavalerie ; une excellente artillerie formée par les soins du général Lespinasse suffisait à tous les besoins ; on s'occupa en même temps de l'état sanitaire des troupes qui venaient d'être surmenés dans cette campagne (1). Par malheur les magasins presque vides

(1) Dans ces circonstances des compagnies d'ouvriers d'administration qui furent formés pendant cette campagne, rendirent les plus grands services en marchant à la suite des armées et établissant des fours qui souvent manquaient ou étaient insuffisants.

s'opposaient aux efforts du quartier général, et l'hiver de 1794 qui s'avançait rapidement, fit surgir une épidémie terrible qui, résultant du manque de soins et d'une nourriture malsaine, sévit avec une extrême rigueur et fit perdre à l'armée un tiers de son effectif.

Les nombres des hôpitaux avaient été porté à vingt et ils pouvaient, paraît-il, renfermer 4 à 5,000 malades, mais de cet entassement prodigieux dans des locaux mal aérés, naquit l'épidémie dont nous avons parlé plus haut, et qui, caractérisée par les médecins sous le nom de fièvre d'hôpital (1), causa dans l'armée d'épouvantables ravages. On fut obligé par l'insuffisance des moyens de locomotion d'évacuer les malades en foule sur des charettes découvertes la plupart du temps et à travers un pays couvert de neige ; la mortalité devint bientôt effrayante et 55 hôpitaux ne suffirent plus à les contenir, on les évacua alors jusqu'à Toulouse (2) ; 1,500 officiers de santé et médecins virent leur effectif diminué de moitié. Selon certains auteurs cette épidémie enleva en peu de jours environ 10,000 hommes dont les décès furent constatés dans les hôpitaux, et comme si ce n'était pas assez du terrible fléau, une forte disette vint encore agraver tous les maux et rendre plus difficile encore la guérison des convalescents ; les pays envahis atteints à leur tour lui payèrent un large tribut, et lorsque s'apaisant enfin, il permit à l'armée de recommencer ses opérations, l'année 1795 la trouva prodigieusement diminuée mais toujours pleine d'enthousiasme, et malgré la nourriture peu substantielle que recevait le soldat et qui consistait en une faible ration de riz, on doit citer, dit le citoyen B... : « cette conduite de la garnison de Saint Sébastien qui tour-
« mentée par la faim, sans moyens de l'apaiser, n'attentât jamais
« à la propriété des vaincus pour qui des pains blancs de la plus

(1) Histoire des maladies de l'armée des Pyrénées Occidentales par Jacques Ferrier, médecin breveté des armées, et traducteur des ouvrages de Stoll à Pau, de l'imprimerie de G. Siros et J. Tonnet, rue de la Loi, n° 8, an VIII. in 8°. pp. 484.
(2) Les principaux hôpitaux se trouvaient à St Jean Pied de Port, château de Lacarre, ancien couvent des capucins à Navarrenx transféré plus tard à Castelnau, St Jean de Luz, un très vaste à Sordes et à Orthez, 3 à Bayonne et 2 à Lescar ; on évacuait les malades de Lescar à Pau ou Tarbes. Mirande, Auch, à l'Ile en Jourdain, Toulouse et jusqu'à Montauban.

« grande beauté étaient étalés chaque jour sur les places et dans
« les boutiques (1).

Quoique la plus légitime impatience agitat les esprits, on dût
pendant longtemps se borner à de faibles démonstrations, la faiblesse extrême dans laquelle l'armée se trouvait plongée, lorsque
le fléau disparut, condamna ses vaillants chefs à une inaction forcée. Un camp avait, il est vrai, été poussé sur les rives de la Deva
à Sasiola, mais tout se borna à quelques feintes, pendant lesquelles on faisait sauter les murailles de Fontarabie et on fortifiait
la ville de Saint Sébastien (2).

Ce ne fut guère que vers le mois de mars qu'on songea à recommencer les hostilités ; la division espagnole de gauche commandée par le général Crespo qui occupait de bonnes positions
derrière la Deva, fut désignée pour être l'objet des nouvelles attaques de l'armée, mais avant de forcer ses retranchements on résolut d'enlever s'il était possible la bande des contrebandiers d'U-
beda qui était campée, sur les fortes positions d'Ascarate ; cette
attaque dût être combinée avec le départ de trois colonnes d'infanterie destinées à opérer à Elgoiba, Sasiola et Pagachoeta ; ces
deux premiers points devaient être attaqués par les colonnes
d'Azpeitia ; le général Merle devait se porter sur Ascarate par
Villefranca, tandis que le général Roucher à la tête d'une seconde
colonne devait se porter sur le même point en traversant la Li-
zarra et traversant Gaztelu. Merle arrivé le premier n'attendit pas
la seconde colonne et fit attaquer sur le champ ; mais après quelque avantage aux avant-postes, n'étant pas soutenu par Roucher qui ne fit pas sa jonction en temps utile, il fut repoussé et
poursuivi jusqu'au village d'Alegria aux environs de Tolosa, le
chef de bataillon Durand, deux capitaines et six hommes furent faits
prisonniers.

Les autres colonnes n'obtinrent pas un plus grand succès, elles
se mirent en mouvement le 30 ventôse (11 mars) ; la colonne
d'infanterie qui sortit d'Azpeïtia à 10 heures du soir marcha sur
Elgoibar et s'empara du col et du village d'Azcarate. Elgoibar

(1) Selon le citoyen B... les distributions cessèrent entièrement dès le
23 ventose an 3, on remplaça chaque ration par 6 onces de riz, deux onces
de légumes, un seizième de pinte d'eau de vie, un vingtième de pinte de
vinaigre ; le 30 du même mois il fut décidé qu'on donnerait une ration de
pain tous les deux jours, cet état de choses dura jusqu'au 19 prairial.
(2) Moniteur.

allait être pris quand l'ennemi ayant reçu des renforts revint à la charge ; une compagnie de la milice de Bilbao, commandée par D. José Joaquin de Layzaga, se distingua tout particulièrement et après un engagement des plus vifs, les Français se virent reprendre successivement tous les postes qu'ils venaient de conquérir et eux-mêmes obligés à la retraite (1). La seconde colonne fut vigoureusement reçue à Sasiola par de nombreuses troupes Biscayennes qui, commandées par D. Jose de Ugarte, résistèrent avec tant d'héroïsme que les Français furent contraints de se retirer. Enfin la troisième colonne d'Azcoïtia s'empara d'abord des hauteurs d'Oloetagagna et de Pagachoeta qui couvrent la ville de Vergara ; les Espagnols s'y trouvaient en nombre et secourus en temps opportun ne tardèrent pas à reprendre l'offensive; les paysans eux-mêmes, au nombre de 400, ayant à leur tête le curé de Lazama don Antonio d'Atuchegui prirent les armes et soutinrent les troupes de ligne (2), les Français furent obligés de se retirer à Azcoïtia ou l'ennemi n'osa le poursuivre.

Sur ces entrefaites, la cour d'Espagne, peu satisfaite du comte de Colomera, venait de le remplacer par le prince de Castelfranco qui commandait l'armée d'Aragon. A peine ce dernier avait-il pris le commandement de l'armée, que le général Marbot pourvu d'ordres supérieurs se mit à son tour en campagne ; il attaqua les Espagnols qui s'étaient fortement retranchés et avaient construit un camp d'une certaine importance sur le mont Musquiruchu ; cette position forme une barrière entre Elosua et Elgoibar et protège Placentia et le cours de la Deva. Un brouillard intense favorisa la marche de la colonne française qui, sortant d'Azcoïtia pendant la nuit, obtint dans le principe des avantages assez marqués ; les Espagnols perdirent une vingtaine d'hommes et 50 prisonniers dans cette première affaire ; deux bataillons d'infanterie espagnole et 150 biscayens tentèrent en vain de reprendre le camp, s'élevant aussi jusque vers la moitié de la montagne ; ils furent accueillis par de si vives décharges de mousqueterie qu'ils se virent obligés de battre rapidement en retraite ; les postes d'Azcarate et de Sasiola

(1) Compendio historico.
(2) Ce prêtre se présenta, dit le Prince de la Paix, à la tête de ses troupes et revêtu de ses ornements sacerdotaux : le drapeau n'était autre que la bannière de notre Dame du Rosaire. Aux litanies des saints chantées par les Espagnols, les Français répondirent par la Marseillaise ; les deux troupes, du reste, combattirent avec une égale bravoure.

ne purent être forcés, et après s'être emparé des effets de campement qui se trouvaient à Musquiruchu les Français se retirèrent en deux colonnes ; celle du général Schilt égarée par le brouillard fit fausse route et faillit tomber entre les mains des Espagnols qui se trouvaient en grand nombre à Elgoibar, elle se dégagea cependant et revint à Azcoïtia sans obstacle (1).

On ne doit guère s'étonner du décousu qui semble régner dans ces derniers combats, surtout quand on les compare avec les opérations antérieures ; car depuis déjà quelque temps certains bruits de paix commençaient à se répandre parmi la population et dans l'armée ; le général Servan, qui se trouvait à Bayonne avec le titre d'inspecteur général, avait eu de fréquentes conférences avec le marquis d'Iranda en résidence à St Sébastien. Ces conférences qui, comme on le verra plus tard, n'aboutirent pas, atténuèrent cependant pendant quelque temps la rapidité des opérations. D'un autre côté, l'armée dans laquelle on avait incorporé en septembre 1793 5 demi brigades ayant chacune un effectif de 2,437 hommes, conformément à la loi du 21 février, recevait alors le complément de son organisation ; tous les autres bataillons furent embrigadés et formèrent 18 nouvelles demi brigades ; il est vrai que les effectifs se trouvèrent tellement réduits après le terrible hiver qu'on venait de passer que quelques uns de ces corps de nouvelle formation n'atteignait pas le chiffre de 1,000 hommes.

Les propositions qui furent faites à la junte de la province de Biscaye que l'on se préparait à envahir eurent pour résultat, dit le citoyen B..., de faire abandonner les drapeaux à une moitié de l'armée espagnole du Guipuzcoa qui forte de 15,000 hommes fut bientôt réduit à 9,000. Nous croyons que cet auteur se trompe quand il avance ce fait. On doit plutôt rechercher les causes de cette défection à l'ordre nouveau qui venait d'être rétabli en Guipuzcoa; si les volontaires de cette province abandonnèrent l'armée espagnole c'est que dans sa séance du 29 germinal le comité du salut public, désavouant les atrocités commises en Guipuzcoa et Biscaye, rendirent justice à l'attitude vraiment digne des populations de ces provinces et délivrant le Guipuzcoa du joug odieux dont l'avait affligé le représentant Pinet, lui donnèrent enfin un

(1) Marcillac. — Citoyen B... — Gaceta de Madrid. — Soraluce.

gouvernement de son choix. Ces actes furent approuvés et lus par la Convention dans une séance solennelle (1).

« Le représentant du peuple, près l'armée des Pyrénées Occi-
« dentales au président de la Convention nationale.

« Au quartier général de St Jean de Luz. Le 9 floréal. au 3.

« Aussitôt que le rapport et le décret du 29 germinal qui désa-
« vouent les atrocités commises dans le pays conquis sur les Es-
« pagnols, m'a été connu, je me suis empressé de le faire parvenir
« à la même administration supérieure du Guipuzcoa, avec inten-
« tion de le faire traduire en langue espagnole et de le faire pu-
« blier dans toute la province. Les nouveaux administrateurs élus
« par leurs concitoyens, jouissent de l'entière confiance du
« pays ; la Convention nationale peut regarder les sentiments
« qu'ils expriment dans la lettre ci-jointe, comme ceux de tous
« les habitants du pays conquis.

« CHAUDRON-ROUSSEAU. »

« L'administration supérieure du Guipuzcoa, au représentant
« du peuple Chaudron-Rousseau :

« St-Sébastien, le 8 floréal, l'an 3 de la République une et indivisible

« Citoyens représentants, nous avons reçu copie du décret et
« du rapport faits à la Convention nationale; elle désapprouve les
« cruautés commises dans les contrées, c'est un nouvel hommage
« qu'elle rend à l'innocence opprimée ; c'est un bienfait qui atta-
« che à la république par les liens de la reconnaissance des hom-
« mes nés avec les sentiments de l'égalité et de la liberté, qui
« s'enorgueillissent d'être frères des hommes qui les possèdent.

« Nous nous occupons à le faire traduire pour l'envoyer de
« suite à l'imprimeur, le jour de cette publication sera un jour de
« félicité pour le Guipuzcoa, dont les cris seront désormais avec
« celui des véritables amis de la justice et de l'humanité : celui de
« vive la République ! vive la Convention nationale !

« Elle renouvelle le 12 germinal son serment de rester fidèle
« à son poste, elle déposa ce serment entre les mains du peuple
« souverain, recevez celui que nous faisons entre les vôtres de

(1) Voir aux pièces justificatives.

« préférer la mort à la faiblesse de consentir jamais à la viola-
« tion de la loi ; ce sentiment est né dans nos cœurs, il est l'hom-
« mage le plus agréable que nous puissions lui offrir. »

Suivent les signatures.

Mais les opérations allaient bientôt recommencer de la manière
la plus brillante, de nombreux bataillons étant venus de l'aile
gauche de l'armée renforcer la division de Guipuzcoa qui se préparait à entrer en Biscaye. Les Espagnols n'avaient pas vu sans
inquiétude cet accroissement de forces, et comme la concentration
des troupes avait lieu entre Saint Sébastien et Tolosa, ils ne sa-
vaient si c'était la Biscaye ou la Navarre qu'ils devaient préparer
à soutenir le choc. Déjà vers le mois d'avril le général Sangro
commandant la place de Pampelune, désireux de savoir à quoi
s'en tenir sur ces nombreux rassemblements, envoya 3 espions
dans le camp français ; ils furent pris en flagrant délit et amenés
au général Moncey qui les interrogea lui même. Quand il sut quels
étaient les motifs qui les avaient amenés dans le camp français, il
dédaigna de leur faire appliquer la loi martiale et écrivit au général espagnol que voulant lui épargner la peine d'entretenir désormais des espions il lui envoyait l'état de ses troupes ; le général
fit aussitôt les plus grands préparatifs pour résister à un siège
qu'il prévoyait devoir être long et meurtrier.

La prise de Pampelune n'attirait cependant pas l'attention des
Français ; en ce moment du moins l'invasion de la Biscaye était le
but qu'ils se proposaient d'atteindre. Quelques mots sur cette
province et les ressources dont elle disposait, feront mieux comprendre l'immense désir qu'avait l'armée républicaine de s'en
emparer.

Touchant au Guipuzcoa, l'antique senorio de Biscaye est borné
au nord par l'Océan sur lequel il présente un grand développement de côtes renfermant un certain nombre de ports assez sûrs
pour les navires de faible tonnage ; limitée à l'ouest par la province de Santander, elle confine au midi l'Alava qui lui sert de
frontière ; la province de Biscaye, l'une des trois dites provincias
Vascongadas, a Bilbao pour capitale, et renferme dans cette étendue une vingtaine de petites villes de moindre importance, parmi
lesquelles on peut citer Ondarroa, Marquina, Lequeitio, Valme-
seda, Durango et Bermeo ; 5 vallées sont formées par les derniers

8

chaînons des Pyrénées, dont le système orographique semble se continuer sous les eaux du golfe Cantabrique (1). Le recensement de Florida Blanca lui donnait en 1787 : 116,042 habitants ; des mines nombreuses en cours d'exploitation ; de grandes richesses agricoles, d'immenses approvisionnements en céréales, faisaient de cette province une des plus riches de l'Espagne, et si l'on en croit le recensement de 1799 on voit le revenu annuel se monter à cette époque à 66,859,483 réaux (2).

Lorsque la guerre éclata entre la France et l'Espagne, la Biscaye fut la province la plus prompte à s'armer et fit aussitôt de grands sacrifices ; la junte appela sous les armes tous les hommes valides de 18 à 60 ans (6 mars 1793) et la couronne leur fournit les armes qui leur manquaient ; ils construisirent un grand nombre de batteries destinées à servir les petits ports de la côte et deux navires furent armés en guerre par la ville de Bilbao afin de protéger le commerce maritime (3) ; enfin un certain nombre de compagnies formées par la ville furent équipées, armées à ses frais et envoyées pour la plupart à l'armée où elles se conduisirent de manière à mériter tous les éloges (4).

On conçoit que les Espagnols, connaissant toutes les ressources que cette province devait offrir aux troupes républicaines si elles parvenaient à s'en emparer, aient fortement occupé les débouchés qui y conduisent; le cours de la Deva était gardé par une forte division commandée comme nous l'avons dit plus haut, par le

(1) Carte de la Biscaye. Coëllo.
(2) Carte de la Biscaye. Coëllo.
(3) La *Nuestro senora de Consolacion*, goëlette armée de 12 canons, et le brigantin *el Guerrero* de 8 canons. (Compendio historico).
(4) Voici la composition des 4 premières compagnies qui furent fixées pour le service réglé ; l'effectif de chaque compagnie était de 100 hommes. (Compendio historico).

1re compagnie	capitaine........	D. Alexandrio de Eguia.
	lieutenant......	D. Antonio Gamez y Cortesana.
	sous-lieutenant..	D. Antonio de Aresti.
2e compagnie	capitaine........	D. Joséde Zubiria.
	lieutenant	D. Mauricio Arrieu.
	sous-lieutenant..	D. José de Aranguren.
3e compagnie	capitaine........	D. José de Santa-Cruz.
	lieutenant......	D. Miguel de Portuondo.
	sous-lieutenant..	D. Miguel Smiht.
4e compagnie	capitaine........	D. Manuel Ramon de Maruri.
	lieutenant......	D. Ignacio Fano
	sous-lieutenant..	D. Miguel Gorrordo.
	Chapelain.......	D. Juan Manuel de Bolivar.

général Crespo, le quartier général se trouvait situé à Elosua préservé par la rivière Urola et dans une très forte position. Il ne fallait rien moins que toutes les forces des Français pour en déloger l'ennemi. Le reste de la division défendait les gués nombreux de la Deva. Deux mouvements combinés, dirigés l'un contre la Navarre, l'autre sur la Biscaye, furent préparés par l'état major général; après avoir tâté le terrain le 15 et le 25 juin, les républicains se disposèrent dès le 28 à enlever le camp de Crespo et à le contraindre à battre en retraite.

Le 28, l'armée française commença son mouvement, le général de brigade Roucher quitta le camp d'Izia avec 5 bataillons et demi divisés en 4 colonnes et chercha à passer la Deva à Sasiola; l'une des colonnes commandée par le chef de brigade Montroux s'engagea dans un gué à rangs serrés, et malgré le feu de l'ennemi, ayant de l'eau jusqu'au cou, gagna bientôt le milieu de la rivière, le gué formé de sables mouvants ayant disparu elle fut obligée de revenir sur ses pas, ce qui fut du reste exécuté avec le plus grand ordre (1); 250 hommes ayant fait une nouvelle tentative sur un point les colonnes les suivirent de près, et s'élançant au pas de charge sur les retranchements des Espagnols, ceux-ci les abandonnèrent aussitôt et se réfugièrent sur les hauteurs de Arrierutz et Azterrica. Les Français s'emparèrent de 9 pièces de canon et d'un drapeau, qui fut pris par un lieutenant du 3e bataillon du Lot-et-Garonne; le mont de Laranga défendu par 300 hommes du régiment du Prince fut évacué à son tour; le commandant d'artillerie D. Mariano de Castanos fut blessé et tomba entre les mains des Français, qui n'eurent à déplorer que la mort d'un officier tué et 12 soldats blessés.

Le passage de la Deva effectué, une des colonnes se porta rapidement sur Motrico, qui fut occupé le 20 juin, et les autres colonnes marchèrent sur Verriotura en occupant Marquina, et dépassèrent la gauche de l'armée espagnole. Le même jour le général Willot, à la tête de 10 bataillons en deux colonnes, partait d'Azcoitia et se dirigeait sur Elosua; une nouvelle division de 3,000 hommes environ se porta de Tolosa sur Villareal. Les Espagnols voulurent défendre les passages des montagnes qui couvraient

(1) Cit. B...— Moniteur.
Les Espagnols prétendirent que cette division perdit plus de 500 hommes (Compendio Historico.)

leur camp, mais promptement repoussés par des forces supérieures, ils vinrent rejoindre Crespo à Elosua qui se vit dans l'obligation de battre promptement en retraite, s'il ne voulait pas voir enlever sa division ; il évacua en effet Elosua et se porta sur Vergara, mais il ne pût s'y arrêter, car sa gauche se fut trouvé trop compromise par la nouvelle occupation de Marquina par les troupes républicaines ; il continua donc son mouvement et quittant Vergara il établit sa gauche sur les crêtes des monts Insora, Asumian et Elguetta, tandis que sa droite prenait une bonne position entre Oñate et Lagaspia à Satul et Tellerant où elle se retrancha ; le quartier général fut porté à Mondragon ; quoique attaqué le 30 juin le baron de Tüest commandant la gauche, grâce à ces bonnes positions, les repoussa en leur faisant perdre quelques hommes.

Du reste, si les Français n'avaient pas complètement atteint le but projeté, ils devaient du moins se réjouir des résultats, car Crespo par sa retraite venait enfin de leur découvrir une partie de la Biscaye ; ce général ne put se décider à continuer son mouvement et à abandonner des positions qu'on devait lui ravir sous peu ; au lieu de rejoindre Filanghiery qui commandait en Navarre, il voulut, paraît-il, parer à toutes les difficultés qui se présentaient ; avec des effectifs trop restreints il avait songé à couvrir à la fois l'Alava, la Navarre, une partie de la Biscaye et garder encore ses communications intactes avec la Navarre en se servant de sa cavalerie ; on a vu comment il fut obligé de découvrir la Biscaye ; ses communications ne tardèrent pas à être coupées avec la division de Navarre que les Français allaient attaquer à son tour.

Dès le 13, le général Willot qui se trouvait le plus éloigné de Lecumberry, partit avec ses plus solides bataillons, le 14 au soir il était formé en avant de Tolosa. Le même jour le général Merle avec 6 bataillons sortit de cette ville, et se dirigea sur Lecumberry en suivant la grande route de Pampelune, tandis que 5 bataillons commandés par le général Morand partirent du même point, et inclinant à gauche, s'arrêtèrent à Gorriti ; enfin le mouvement devait être complété par le général Digonet qui, amenant avec lui 7 bataillons d'excellentes troupes, devait partir du camp de San Esteban, et par des marches forcées débouchant par le village d'Arruiz prendre la division espagnole à revers.

Le 15 au matin, les 4 colonnes arrivées à leur poste de combat

débouchèrent en même temps sur Lecumberry : Willot par le
flanc droit, Morand par le flanc gauche, Merle de front et Digonet
en queue ; le mouvement s'exécuta avec une précision remarquable, mais Filanghiery, compromis sur sa gauche et sur ses derrières par la retraite de Crespo, n'avait pas attendu ce moment
pour se mettre en sûreté et venait de gagner Irurzun dont il occupa les hauteurs ; sa fuite fut si précipitée qu'il ne songea même
pas à défendre des retranchements qu'il venait de faire élever entre ces deux points.

La situation s'était compliquée et l'armée républicaine stationna
trois jours à Lecumberry ; cependant dans la nuit du 5 au 6 juillet
(17 messidor), le général Moncey donna le signal de l'attaque (1).
3 fortes colonnes d'infanterie se dirigèrent sur Letassa par la
grande route où elles se séparèrent, Merle prenant à droite avec 3
bataillons déboucha sur Irurzun par la route de Vittoria ; cinq
bataillons commandés par Digonet descendirent sur la gauche et
rallièrent Irurzun en traversant les villages de Gulina et Aizcorbe
et coupant la retraite à Don Francisco Horcasitas commandant
l'avant-garde. Une troisième colonne dirigée par Harispe et composée de 2 bataillons et 3 compagnies de carabiniers traversant la
montagne à gauche d'Irurzun, coupa ses communications avec
Pampelune ; enfin une 4e colonne sous les ordres de Willot commandant les opérations et formée de 2 bataillons, 150 cavaliers et 2
pièces de canon attaqua de front. Après une violente mousqueterie et quelques charges de cavalerie, les Espagnols abandonnèrent Irurzun et se replièrent sur leurs positions ; Harispe qui arrivait près d'Aizcorbe enleva sur la gauche de la route une bonne
position à un bataillon de Catalans que ses soldats poursuivirent
avec tant de précipitation qu'ils faillirent compromettre le succès
de la journée.

En ce moment, la gauche se trouva menacée, car les chasseurs
basques, n'écoutant que leur courage, et voulant s'emparer de 2
pièces de canon que les Espagnols faisaient avancer, furent chargés si vigoureusement par 3 escadrons du régiment de Farnèse
qu'ils se virent obligés de se réfugier dans les taillis qui proté-
geaient les bords de la route ; Digonet que ce mouvement étonna,
envoya sur le champ à Harispe l'ordre de battre en retraite, mais

(1) Cit. B. . — Marcillac. — Moniteur, lettre du général Moncey.

il fut lui même chargé par une forte colonne de grenadiers provinciaux de la Vieille Castille ; le bataillon des grenadiers de Branaa qui leur fut opposé allait succomber, lorsque la colonne de Willot apparut; il se mit lui-même à la tête d'un bataillon de grenadiers et chargea les Espagnols l'épée à la main ; ceux-ci vivement inquiétés par les chasseurs basques d'Harispe qui abrités par les bois les criblaient de balles, ne purent résister à cette vive attaque, et battant en retraite regagnèrent les positions d'où ils étaient descendus, tandis qu'Harispe rentrait dans Aizcorbe. La cavalerie française qui eut dû charger en ce moment, ne se trouvait pas sur le lieu du combat (1).

Selon leur coutume, les Espagnols s'attribuèrent la victoire, quoiqu'ils eussent évacué Irurzun ; les Français y établirent leur centre, la gauche à Aizcorbe et la droite au passage d'Olharreguy, occupant la route de Vittoria et menaçant le flanc droit de Crespo dont les communications se trouvèrent coupés avec l'armée de Navarre. Ce combat coûta aux Français 82 hommes tués ou blessés, les Espagnols perdirent environ 300 hommes (2). Après avoir imprimé une aussi violente secousse à l'armée de Navarre qui ne pouvait espérer de longtemps reprendre l'offensive, l'état major républicain revint porter ses efforts sur la division du général Crespo ; celui-ci de Mondragon venait de reculer jusqu'aux Salines de Guipuzcoa, et avait assuré ses positions sur les hauteurs d'Elgueta, occupant toujours Satul et Tellerant ; il croyait pouvoir couvrir l'Alava et les débouchés de la Navarre et de la Biscaye.

Ce fut le général Dessein qui commença les nouvelles opérations ; unissant ses troupes à celles qui avaient déjà passé la Deva, il forma une forte division de près de 4,000 hommes d'infanterie avec deux petites pièces de canon nommées républicaines, et seulement 20 cavaliers. Il quitta le 24 messidor Elgoibar et se rendit à Eibar ; il rencontra dès le lendemain un peu en avant d'Ermua la gauche espagnole, qui vivement refoulée abandonna dans ses retranchements 13 pièces de canon ; la nuit suivante la colonne française s'empara de Durango, ancien quartier général

---

(1) Elle avait été entrainée, dit le Cit. B..., par un sous inspecteur de vivres à la poursuite de quelques chasseurs d'Ubeda.
(2) Moncey accuse chez les Espagnols une perte de 500 tués ou blessés et 200 prisonniers.

de Crespo, on y trouva 13 pièces d'artillerie, une grande quantité d'approvisionnements et 16 milliers de poudre ; tout ce qui fut trouvé trop lourd pour être évacué sur les lignes françaises, fut immédiatement jeté dans la rivière qui baigne cette petite ville. Dessein, profitant de son séjour à Durango, fit répandre à profusion dans toute la province de Biscaye la proclamation du général Moncey ; elle eût, paraît-il, un si grand succès qu'une grande partie des Biscayens quittèrent l'armée de Crespo.

Le 25 au matin, le général quitta Durango, traversa Ochandiano et franchit la frontière d'Alava ; il arriva à Villaréal le 26 dans la matinée, en sortit presque aussitôt, et rencontrant sur les hauteurs d'Urbina, petit village sur la route de Vittoria, une partie de l'armée de Crespo, il la délogea vivement, et après une rapide escarmouche, arriva dans la soirée à Ayarrabe, et au village de Mendivil sur les hauteurs duquel il s'établit.

La division du général Willot qui devait opérer sa jonction avec lui, était partie le 25 d'Irurzun avec 3,500 hommes d'infanterie et 100 cavaliers. Il arriva le 26 traversant successivement Villanueva, Urruazu et vers le soir de ce jour débusqua des hauteurs d'Oysogueta 800 Espagnols qui y avaient pris position, il franchit la frontière de Guipuzcoa, coucha à Salvatierra et vint déboucher le 27 entre les villages de Salinas et d'Ullibarri-Gamboo, la veille encore occupé par les Espagnols.

Crespo, vivement inquiété par ces marches rapides, se résolut alors à se dérober promptement pour sauvegarder la forteresse de Pancorbo, clef de la Castille, et qu'il croyait sérieusement menacée ; des hauteurs d'Urbina qu'il occupait il vit que le chemin de Vittoria se trouvait entre les mains de Dessein. Le 26 il se mit en marche avec toutes ses troupes, et suivit la route de Mondragon qui se trouvait libre et, cotoyant les hauteurs jusqu'à Durango, il entra dans Bilbao suivi de près par quelques troupes légères, La ville qui était d'abord résolue à se défendre vit avec consternation que Crespo se préparait à s'éloigner.

Déjà le 26, le général Shilt de la division de Dessein était entré avec l'avant garde dans la ville de Vittoria ; le 27 la division toute entière s'y reposa, et reprenant sa marche le 28 elle opéra le 29 sa jonction avec le général Willot ; les deux divisions combinées arrivèrent sans perdre de temps à   ''as étaient à Miravalle et se disposèrent à l'avait déjà évacué deux jours auparavant, et suivant les hautes chaînes de montagnes qui après avoir couronné Bilbao vont se joindre à celle de la Castille, il se réfugia à Pancorbo, laissant à l'armée républicaine la libre possession de la Biscaye et de l'Alava.

Tout n'était que confusion dans Bilbao qui venait de montrer tant de mépris pour la pacifique proclamation que Moncey leur avait envoyée (1) ; l'ayuntamiento craignait de voir tomber sur eux toute la colère du général et des représentants ; les richesses que la ville renfermait, sa qualité de place de commerce de premier ordre faisaient trembler les propriétaires et les armateurs qui se hâtaient pour la plupart de s'enfuir par mer et par terre, en emportant les objets les plus précieux, si bien qu'en moins de deux jours la ville fut à moitié dépeuplée.

Le matin du 19, les troupes françaises firent leur entrée dans la ville de Bilbao ; le général recommanda sous les peines les plus sévères aux soldats de sa division, de vivre dans la plus parfaite harmonie avec les habitants ; les historiens espagnols sont d'accord pour vanter hautement l'excellente discipline des troupes républicaines ; aucune insulte, pas une seule provocation ne vint abaisser l'orgueil des vaincus ; ce qui était acheté par les troupes était payé séance tenante, et les assignats n'eurent pas cours forcé ; la même conduite fut du reste observée lors du passage des troupes à Durango et dans toute l'étendue de la Province ; les Français exigèrent cependant avant de quitter la ville que la députation qui s'était réfugiée à Pancorbo à la suite du général Crespo, fut immédiatement remplacée.

CHAPITRE XV

Passage de l'Ebre. — Préparatifs du siége de Pampelune. — Paix de Bôle. Positions des deux armées. — Conclusions.

Pendant que les troupes républicaines prenaient possession de la Biscaye, le général de Miollis avec 4 bataillons et 100 cavaliers sortait de Miranda, et, traversant la rivière de Ladorra-Armino,

(1) La Diputacion inflexible en su glorioso teson respondio que la proclama del Général frances no merecia la menor contestacion (Compendio Historico.)

arriva bientôt sur la frontière de Castille, et fit son entrée dans Miranda de Ebro après s'être emparé du château ; mais il fut attaqué par de nombreux corps de paysans armés et soutenus de quelques troupes de ligne qui l'obligèrent à repasser l'Ebre qu'il avait déjà franchi

La division de Crespo qui arrivait de Bilbao vint appuyer les Espagnols qui attaquèrent de nouveau les Français : ceux-ci, déjà ébranlés, furent, malgré leur résistance, repoussés par des charges de cavalerie ; mais Crespo arrêta bientôt son mouvement, car une brigade commandée par Shilt arrivait de Bilbao à marches forcées, bientôt suivie de toute la division. Le général Willot fit prendre aussitôt à ses troupes une bonne position à Miranda, pendant que l'on établissait un camp retranché sur les hauteurs de la Puebla.

Nous passerons maintenant aux opérations de l'armée de gauche, car, après être si habilement arrivé, et presque sans effusion de sang, à séparer totalement les armées espagnoles de Navarre et de Biscaye, le général Moncey qui maintenant croyait à la possibilité du siège de Pampelune, se préparait à recueillir le fruit de ses victoires. Pendant qu'on immobilisait par quelques ouvrages de campagne, le général Crespo à Pancorbo qu'il s'obstinait à couvrir, il devait attirer à lui les troupes qui n'étaient pas strictement nécessaires à la défense de ces positions, et se disposait à envoyer le général Willot, le plus vigoureux de ses lieutenants, à Puento-la-Reyna compléter le blocus de Pampelune. Tout, du reste, était préparé pour cette attaque ; l'équipage de siège du général Lespinasse était depuis longtemps à même de rendre les plus grands services, et le général du génie Marescot était arrivé à Bayonne depuis peu de jours avec plusieurs officiers pour prendre la direction des travaux du siège.

Le 2 thermidor, le général Digonet, chargé des opérations en Navarre, quitta Irurzun qu'il occupait avec deux bataillons et se porta au bois d'Orquia ; la gauche de l'armée espagnole y campait ainsi que sur le col d'Ollareguy, seule communication entre les vallées d'Ollo et d'Arequil. Pour arriver à la position occupée par l'armée espagnole, le général Digonet prit la droite de la route de Pampelune, et dut enlever le col d'Ollareguy gardé par la compagnie à pied d'Ubeda et un bataillon des volontaires de Navarre. Après avoir essayé de forcer la position d'Erice,

Digonet attaqua franchement le col ; ses troupes arrivèrent sans grande difficulté, car l'ennemi s'enfuit aux premiers coups de fusil ; mais ayant rencontré deux bataillons du régiment d'Africa, elles les attaquèrent immédiatement à la baïonnette ; un combat terrible s'engagea sur ce point ; les Espagnols faisaient cependant une vigoureuse résistance lorsque le colonel D. Augustin Goyeneta tomba percé d'une balle, le lieutenant-colonel D. Jose Gonzalez d'Acuyna fut blessé et fait prisonnier ainsi que le major ; le sergent-major D. Juan d'Aguirre prit le commandement et reçut au même instant un coup de baïonnette dans les reins, il eut cependant la force de se retourner et de tuer d'un coup de sabre le grenadier qui l'avait blessé. Les bataillons espagnols, alors en retraite, mais sans précipitation et répondant à tous les coups, quittèrent le revers de la montagne et se dirigèrent toujours combattant jusqu'au village d'Ilzorbe ; voyant 4 bataillons accourant à leur secours, ils firent un nouveau retour offensif ; les Français qui les avaient poursuivis chaudement, n'étant plus en nombre, regagnèrent le col dont ils s'étaient emparés et où les ennemis n'osèrent les poursuivre. Les deux partis eurent environ 200 hommes tués ou blessés ; les Français firent en outre 50 prisonniers. Pour récompenser le régiment d'Africa de sa belle conduite, le roi ordonna que dorénavant les soldats porteraient un écusson d'honneur à l'avant-bras ganche ; le premier et second bataillon qui s'étaient distingués dans ce combat, eurent aussi leurs drapeaux décorés de cet insigne flatteur.

Les opérations qui venaient de commencer furent subitement interrompues. La paix qui venait d'être conclue à Bâle, le 14 thermidor, trouva les Français maîtres de la Biscaye, de l'Alava, du Guipuzcoa et se préparant à faire le siège de Pampelune ; seule, l'extrême gauche des troupes républicaines n'avait guère bougé depuis le commencement de 1795. La division de Saint-Jean-Pied-de-Port commandée par le général Mauco et composée de la brigade des chasseurs basques, de la 40e et de la 134e demi-brigade, et du bataillon du Jura, avait envoyé le 10 prairial à la division de droite 1 bataillon de grenadiers et 2 bataillons de chasseurs basques ; le reste de la division s'était porté sur la montagne d'Ourisca, d'où elle pouvait facilement surveiller le Bastan ; ces troupes n'eurent, du reste, qu'un service peu fatigant et bornèrent toutes leurs démonstrations à deux petites expéditions à Zubiri qui furent exécutées sans difficulté. Les bruits de paix qui avaient déjà couru au commencement de 1795 s'étant subitement éteints, rien ne faisait présager une aussi prompte solution ; la nouvelle qui en fut connue dans les camps et dans les provinces le 20 thermidor, souleva une joie générale également partagée par l'un et l'autre parti. L'armée républicaine avait tant souffert l'hiver précédent qu'elle ambitionnait avec ardeur un repos qui lui était bien dû ; soldats et habitants se félicitaient donc à l'envie, les uns de quitter un pays qui leur avait été si funeste, les autres de se voir débarrassés du joug des vainqueurs.

Les négociations ouvertes déjà depuis longtemps entre les deux nations venaient enfin de produire un heureux résultat. Godoï, toujours tout-puissant à la cour espagnole, s'était mis en communication avec le gouvernement républicain, dès l'automne de 1793 ; le 28 février, 3 et 14 mars 1794 d'orageuses délibérations furent tenues à Madrid, car il s'y était formé un parti de la paix qui venait de mettre à sa tête l'ancien ministre Aranda alors exilé. Godoï comprit très bien que la continuation de la guerre était impossible, l'Espagne était épuisée d'hommes et d'argent. Ce fut alors par la voie détournée d'un agent français en Espagne que le prince de la Paix renoua les négociations déjà rompues. Le 13 janvier 1795, le général Urritea invita de nouveau les Français à conférer et après plusieurs tâtonnements, car aucune des deux puissances ne voulaient paraître faire le premier pas, Barthélemy et Yriarte s'abouchèrent à Bâle, tandis que le général Servan fut chargé de son côté d'ouvrir des négociations à Bayonne avec le marquis d'Iranda; encore une fois rompus, les pourparlers recommencèrent bientôt à Bâle entre Barthélemy et Iriarte qui n'avaient pas cessé d'entretenir entr'eux une correspondance occulte. La France tenait pour des cessions de territoire que le diplomate espagnol refusait au nom de son pays, disant avec raison que, puisque le gouvernement républicain réclamait à l'Espagne une alliance offensive et défensive, l'entamer eût été l'affaiblir et l'irriter (1). Le traité fut enfin envoyé à l'Assemblée qui, après quelques réclamations, ratifia l'œuvre du Comité. La

(1) Pour les détails relatifs aux négociations, voir le remarquable travail de M. Sorel : « La diplomatie Française et Espagnole, revue historique ». Voir aussi les mémoires du prince de la Paix.

paix aussitôt conclue, les troupes françaises évacuèrent immédiatement les provinces et furent dirigées sur l'armée des Alpes et d'Italie.

TRAITÉ DE PAIX ENTRE LA FRANCE ET L'ESPAGNE

La République Française et Sa Majesté le Roi d'Espagne, également animés du désir de faire cesser les calamités de la guerre qui les divise, intimement convaincus qu'il existe entre les deux nations des intérêts respectifs qui commandent un retour réciproque d'amitié et de bonne intelligence, et voulant, par une paix solide et durable, rétablir la bonne harmonie qui depuis longtemps avait constamment été la base des relations des deux pays, elles ont chargé de cette négociation importante, savoir : la République Française, le citoyen François Barthélemy, son ambassadeur en Suisse, et Sa Majesté Catholique, son ministre plénipotentiaire et envoyé extraordinaire près le Roi de Pologne, don Domingo d'Yriarte, chevalier de l'Ordre Royal de Charles III, etc.; lesquels, après avoir échangé leurs pleins pouvoirs, ont arrêté les articles suivants :

Art. I. — Il y aura paix, amitié et bonne intelligence entre la République Française et le Roi d'Espagne.

II. — En conséquence, toutes hostilités entre les deux puissances contractantes cesseront, à compter de l'échange des ratifications du présent traité, et aucune d'elles ne pourra, à compter de la même époque, fournir contre l'autre, en quelque qualité et à quelque titre que ce soit, aucun secours ni contingent, soit en hommes, en chevaux, vivres, argent, munitions de guerre, vaisseaux ou autrement.

III. — L'une des puissances contractantes ne pourra accorder passage sur son territoire à des troupes ennemies de l'autre.

IV. — La République Française restitue au Roi d'Espagne toutes les conquêtes qu'elle a faites sur lui dans le cours de la guerre actuelle.

Les places et pays conquis seront évacués par les troupes Françaises, dans les quinze jours qui suivront l'échange des ratifications du présent traité.

V. — Les places fortes dont il est fait mention dans

l'article précédent seront restituées à l'Espagee avec les canons munitions de guerre et effets à l'usage de ces places, qui y auront existé au moment de la signature de ce traité.

VI. Les contributions, livraisons, fournitures et prestations de guerre cesseront entièrement à compter de quinze jours après la signature du présent acte de pacification. Tous les arrérages dus à cette époque, de même que les billets et promesses donnés ou faits à cet égard, seront de nul effet. Ce qui aura été pris ou perçu après l'époque sus-dite sera d'abord rendu gratuitement ou payé en argent comptant.

VII. Il sera incessamment nommé, de part et d'autre, des commissaires pour procéder à la confection d'un traité de limites entre les deux puissances. Ils prendront, autant que possible, pour base de ce traité, à l'égard des terrains qui étaient en litige avant la guerre actuelle, la crête des montagnes qui forment les versants des eaux de France et d'Espagne.

VIII. Chacune des puissances contractantes ne pourra, à dater d'un mois après l'échange des ratifications du présent traité, entretenir sur ses frontières respectives que le nombre de troupes qu'on avait coutume d'y tenir avant la guerre actuelle.

IX. En échange de la restitution portée par l'article IV, le roi d'Espagne, pour lui et ses successeurs, cède et abandonne en toute propriété, à la République Française, toute la partie espagnole de l'île de Saint-Domingue aux Antilles.

Un mois après que la ratification du présent traité sera connue dans cette île, les troupes espagnoles devront se tenir prêtes à évacuer les places, ports et établissements qu'elles y occupent, pour les remettre aux troupes de la République Française, au moment où celles-ci se présenteront pour en prendre possession.

Les places, ports et établissements dont il est fait mention ci-dessus, seront remis à la République Française, avec les canons, munitions de guerre et effets nécessaires à leur défense, qui y existeront au moment où le présent traité sera connu à Saint-Domingue.

Les habitants de la partie espagnole de Saint-Domingue, qui, par des motifs d'intérêt ou autres, préféreraient de se transporter avec leurs biens dans les possessions de sa majesté catholique, pourront le faire dans l'espace d'une année, à compter de la date de ce traité.

Les généraux et commandants respectifs des deux nations se concerteront sur les mesures à prendre pour l'exécution du présent article.

X. Il sera accordé respectivement aux individus des deux nations la main levée des effets, revenus, biens de quelque genre qu'ils soient, détenus, saisis et confisqués à cause de la guerre qui a eu lieu entre la République Française et Sa Majesté Catholique, de même qu'une prompte justice à l'égard des créances particulières quelconques que ces individus pourraient avoir dans les états des deux puissances contractantes.

XI. En attendant qu'il soit fait un nouveau traité de commerce entre les parties contractantes, toutes les communications et relations commerciales seront rétablies entre la France et l'Espagne sur le pied où elles étaient avant la présente guerre.

Il sera libre à tous négociants français de repasser et de reprendre en Espagne leurs établissements de commerce, et d'en former de nouveaux, selon leur convenance, en se soumettant, comme tous les autres individus, aux lois et usages du pays.

Les négociants espagnols jouiront de la même faculté en France, et aux mêmes conditions.

XII. Tous les prisonniers faits respectivement, depuis le commencement de la guerre, sans égard à la différence du nombre et des grades, y compris les marins et matelots pris sur des vaisseaux français ou espagnols, seront rendus dans l'espace de deux mois au plus tard, après l'échange des ratifications du présent traité, sans répétition quelconque de part ni d'autre, en payant toutefois les dettes particulières qu'ils pourraient avoir contractées pendant leur captivité. On en usera de même à l'égard des matelots et blessés aussitôt après leur guérison.

Il sera nommé incessamment des commissaires de part et d'autre pour procéder à l'exécution du présent article.

XIII. Les prisonniers portugais, faisant partie des troupes portugaises, qui ont servi avec les armées et sur les vaisseaux de Sa Majesté Catholique, seront également compris dans l'échange sus-mentionné.

La réciprocité aura lieu à l'égard des Français pris par les troupes portugaises dont il est question.

XIV. La même paix, amitié et bonne intelligence, stipulées par le présent traité entre la France et le roi d'Espagne, auront lieu entre le roi d'Espagne et la République des Provinces Unies, alliée de la République Française.

XV. La République Française, voulant donner un témoignage d'amitié à Sa Majesté Catholique, accepte sa médiation en faveur du roi de Portugal, du roi de Naples, du roi de Sardaigne, de l'infant duc de Parme, et autres états de l'Italie, pour le rétablissement de la paix entre la République Française et chacun de ces princes et états.

XVI. La République Française, connaissant l'intérêt que sa Majesté Catholique prend à la pacification générale de l'Europe, consent également à accueillir ses bons offices en faveur des autres puissances belligérantes qui s'adresseraient à elle pour entrer en négociation avec le gouvernement français.

XVII. Le présent traité n'aura son effet qu'après avoir été ratifié par les parties contractantes, et les ratifications seront échangées dans le terme d'un mois ou plus tôt s'il est possible à compter de ce jour.

En foi de quoi, nous soussignés, plénipoténtiaires de la République et de sa majesté le Roi d'Espagne, en vertu de nos pleins pouvoirs, avons signé le présent traité de paix et d'amitié, et y avons fait apposer nos sceaux respectifs.

Fait à Bale, le 4 du mois de thermidor an III de la République française (22 juillet 1793).

Signé : FRANÇOIS BARTHÉLEMY.
DOMINGO D'YRIARTE.

SOMMAIRE DES ARTICLES SECRETS ET SÉPARÉS.

I. Droit pour la France d'emporter d'Espagne pendant 5 ans, 50 étalons et 150 juments andalous, 100 béliers mérinos par an.

II. Promesse de remettre au roi d'Espagne la fille de Louis XVI si l'Autriche n'accepte pas les propositions de la France.

III. Les mots et *autres états d'Italie* qui se trouvent dans l'article XV ne peuvent s'entendre que des états du pays (1).

La paix arrivait à propos, et l'armée française devait être la première à en profiter, car, quoiqu'elle fut maîtresse de la grande route d'Irurzun à Vittoria par laquelle ses communications se

(1) Sorel, la Diplomatie française et espagnole, Rev. hist. 1880.

trouvaient établies entre sa gauche et sa droite, il n'en est pas moins vrai que les divisions républicaines s'étendant de Bilbao à St-Jean-Pied-de-Port, occupaient un trop grand développemen₁ pour leurs effectifs restreints ; la position eût pu devenir critique si l'armée espagnole qui grossissait tous les jours et dont maintenant la force numérique dépassait celle des Français, eût enfin compris qu'en attaquant brusquement leurs ennemis au centre aurait inévitablement coupé les communications des deux ailes. Quoiqu'il en soit, il est facile de s'assurer en jetant les yeux sur la carte des provinces que, au moment où la ratification du traité de paix vint surprendre les deux belligérants, l'armée française se disposait à bloquer Pampelune ; cette ville qui avait toujours été l'objectif des républicains eut sans doute exigé un siége long et meurtrier ; bien défendue bien fortifiée, ayant eu de longues années pour se préparer à bien recevoir l'ennemi, peut-on concevoir que 25,000 Français, quelque braves et bien commandés qu'ils fussent, eussent été assez nombreux pour former un corps de siége et une armée d'opération destinée à le couvrir. L'un de ces corps n'eût-il pas existé au détriment de l'autre ? Et un seul échec éprouvé par l'un des deux n'eût-il pas impérieusement exigé des Français une prompte retraite sur Saint-Sébastien, et peut-être sur la Bidassoa, faisant perdre à l'armée républicaine les fruits de deux années de victoires si chèrement achetées ?

La paix vint heureusement résoudre les difficultés qui se présentaient. A l'école de cette rude guerre s'étaient formés d'excellents officiers, de bons soldats, des généraux d'une grande conception stratégique. L'invasion du Bastan, combinée avec le passage de la Bidassoa, et qui eurent pour résultat de débusquer sans peine les Espagnols des redoutables positions qu'ils avaient fortifiées, sont des chefs d'œuvre de guerre de montagne et qui rappellent les belles campagnes de Lecourbe. Enfin la prise de la vallée de Roncevaux, où l'on vit jusqu'à 14 colonnes indépendantes venir se concentrer avec ensemble autour de l'ennemi, montrent combien des généraux intelligents et dévoués, peuvent accomplir certaines choses réputées impossibles, quand ils ont sous leurs ordres des troupes aussi homogènes et aussi disciplinées que l'armée des Pyrénées Occidentales.

Les opérations que nous venons de décrire, donnent, espérons-ous, un aperçu assez exact de ce qui se passa de remarquable sur l'une et l'autre frontière pendant ces trois années; nous devons ajouter que si, comme ses émules du Nord, l'armée des Pyrénée Occidentales n'a pas encore eu de nombreux historiens pour raconter ses hauts faits, c'est que, perdue à l'extrémité méridionale de la République, le pays n'eut pas à compter sur elle pour le sauver du joug des étrangers; elle réussit toutefois à se suffire à elle-même et put repousser et contenir les efforts d'une monarchie avec les seules ressources que ses chefs surent lui créer. Quelquefois vaincue, toujours combattant et chaque fois gagnant du terrain sur l'ennemi, elle attira plusieurs fois sur elle l'attention du gouvernement et de la France et on put dire d'elle comme de ses sœurs : l'armée des Pyrénées Occidentales a bien mérité de la patrie.

PIÈCES JUSTIFICATIVES

LETTRES INÉDITES DE LAROCHE, CHEF DE L'ÉTAT-MAJOR GÉNÉRAL
DE L'ARMÉE DES PYRÉNÉES OCCIDENTALES.

I.

A Frégeville, général de division

Du 10 nivose.

J'ai reçu ta lettre, mon cher Frégeville, et je quitte tout pour répondre.

Oui, les représentants du peuple veulent habiter Urtubie et Maury a dû te faire part de ce dessein, il a dû même te dire qu'il était spécialement chargé de faire toutes les dispositions et de préparer tous les ingrédiens et histoires convenables pour que la citoyenne Pinet puisse se trouver à son aise, je pense que tu voudras bien donner tes ordres en conséquence et dessiner le tout.

Ah ! mon ami, tu n'y penses pas quand tu dis que tu veux venir à Bayonne pour relancer M. Boucher qui t'a écrit une lettre impertinente. Certes, j'aurais bien du plaisir à t'y voir, mais je serais fâché que ton voyage n'eût d'autre objet que celui-là ; comment, tu t'arrêtes à des expressions qu'un régisseur des fourrages véhémentement en courroux a su t'écrire ? comment, tu fais attention à l'insecte qui s'escrime avant d'avoir pu pénétrer la substance du chêne auquel il est attaché ? non, mon ami, non, ce combat n'est pas digne de toi ! Il faut laisser à ton ami Laroche le soin de te venger et de te faire rentrer ce limaçon dans sa coquille ? Ah ! pour le coup, je les tiens ces Messieurs les régisseurs et ils seront bien ossés s'ils nous font désormais autant de tours de passe-passe qu'ils nous en ont fait. J'ai fait un bon arrêté dont je t'enverrai copie quand il sera signé et tu y applaudiras parce qu'il bride ces Messieurs et les force à rendre un compte bien net, bien précis de leur administration tous les 8 jours et toutes fois qu'on le jugera convenable. Adieu, mon cher ami

Frégeville, notre ami Garrau va revenir et j'espère que nous passerons ensemble quelques moments agréables ; il n'y a que cela qui puisse me dédommager des peines que j'éprouve.

II.

A *Arnaudat, général de brigade.*

Du 25 nivose.

Pardonne à mon silence, mon cher général, mes continuelles occupations le justifient. Je suis bien aise que tu sois à Ascain et commandant l'aile droite de la division du centre ; cette position te mettra à même de figurer avantageusement si l'ennemi a jamais l'audace de nous attaquer ou si la guerre devient offensive de notre côté. Tiens, mon ami, tiens nos soldats en haleine, exerce les autant que tu le pourras aux manœuvres les plus ordinaires à la guerre, fais les bien marcher en colonne, apprends leur à bien conserver leur distance, soit en masse, soit dans l'ordre naturel, et fais leur faire des déploiements dans tous les sens, que les soldats sachent bien se rompre et bien se remettre en bataille, qu'il manie bien ses armes, qu'il ajuste bien et qu'il nourrisse parfaitement un feu de file. Voilà ce qu'il nous faut et ce qui nous conduira à la victoire, tu trouveras peut-être ces détails minutieux, mon cher camarade, mais certes tu me le pardonneras quand tu sauras l'envie que j'ai de manœuvrer nos troupes, et de leur faire faire de grands mouvements de guerre, et de les rendre dignes de la brillante destinée à laquelle elles sont appelées, tu me le pardonneras quand tu sauras que des bataillons que j'ai passés en revue et qui existent depuis trois ans ne connaissent ni leur droite ni leur gauche, et sont aussi ignorants que ceux de la masse, quand tu sauras que je suis fatigué de me trouver dans une armée qui n'a encore rien fait, et de laquelle on attend les plus grandes choses.

Je crois qu'il serait utile d'établir un poste près l'oratoire de St-Ignace, c'est au général de division qu'il appartient de faire des dispositions d'après ses instructions et ses renseignements, le général Duprat n'y manquera pas.

Si la désertion continue toujours dans le 4ᵉ bataillon des Landes, je ne vois qu'un moyen de l'arrêter, c'est de livrer au tribunal révolutionnaire ceux qui seront reconduits au corps, et de faire prendre un arrêté aux représentants du peuple qui force les districts et les municipalités à ramener ceux qui s'y trouveront ; quand cette mesure sera établie, quand plusieurs exemples auront été faits, nul doute alors que la désertion ne cesse, et que la subordination et la discipline ne prennent la place du désordre et de la licence.

Adieu, mon cher Arnaudat, sois toujours vigilant, sois toujours actif, toujours sur tes gardes, et toujours prêt à repousser les stupides et féroces Espagnols, il serait très possible que M. *Caro*, instruit des succès de M. Ricardos, voulut faire une tentative, mais alors, je le répète, il faut fondre sur lui et l'écraser.

III.

A Digonet, lieutenant-colonel commandant le 4e bataillon des Landes

Du 8 pluviose.

Je ne réponds pas toujours de suite, mon cher Digonet, aux lettres que tu me fais l'amitié de m'écrire, mais je n'en laisse aucune dans l'oubli. Je reviens aujourd'hui avec plaisir sur celle du 12 nivose dans laquelle tu me parles des observations que tu as faites sur la Rhune dans les gorges d'Ozére à Bera, sur les hauteurs des palomières d'Echalar et sur plusieurs autres points importants, tu as parfaitement observé, tu as parfaitement saisi les différentes positions, mais tu n'as pas porté tes recherches et fixé ton attention sur l'objet le plus saillant, tu n'as pas voulu considérer la position d'Agnoa, celle d'Urdache dont nous sommes maîtres et qui nous donnera la faculté, quand nous le voudrons, d'aller à Maya, à Echalar et d'Echalar à Bera, alors nous évitons et la gorge de la Charité et les redoutes et redans de la palomière auxquelles je ne crois pas, et les redoutes qui défendent l'accès de Bera, enfin tout ce que l'ennemi a calculé et a cru devoir faire pour se garantir de notre invasion.

Je regarde vraiment comme une folie la promenade que Darnaudat et toi avez été faire sur les hauteurs qui dominent Bera : c'est ce que l'on appelle une pasquinade qui dans d'autres temps aurait été punie comme faute très grave, mais qui dans celui-ci et d'après l'heureux effet qu'elle a produit ne peut te mériter que l'épithète de fougueux montagnard.

Je connais, mon ami, la situation de ton bataillon. Je sais qu'il lui manque trois cents fusils, beaucoup de souliers et d'autres effets, mais certes il a cela de commun avec tous ceux de l'armée, et s'y on voulait y regarder de bien près on trouverait encore qu'il est un des mieux pourvus. Tu sais que cette malheureuse armée ne reçoit rien, qu'elle est abandonnée à ses propres ressources et paralisée par une soustraction de plus de dix mille hommes et une longue suite de persécution, tu sais que malgré ses contrariétés elle présente encore une masse de bons combattants tous animés du meilleur esprit, du plus ardent patriotisme, et capables d'arrêter et de repousser les vils soldats du despote Espagnol, ayez donc patience, mon bon ami ; livre toi à l'espoir que nous ne serons pas toujours aussi malheureux et que le génie qui préside à la destinée des hommes libres nous sortira bientôt de l'état d'anxiété et de détresse dans lequel nous nous trouvons.

Adieu, mon cher Digonet, réveille le courage et la vigilance de tes jeunes soldats, et sois à ton poste toujours brave, toujours actif, toujours sévère, et toujours prêt à frapper l'ennemi, et à sévir contre les malintentionnés et les êtres froids et modérés, je sais que tu es révolutionnaire et que tu as juré de l'être jusqu'à ce que la liberté et l'égalité n'aient plus d'envieux et qu'elles aient bien solidement établi leur empire.

IV

A Lalain, général de division.

Du 10 pluviôse.

Mon voyage à la division du centre, mon cher général, et beaucoup d'autres affaires essentielles m'avaient fait perdre de vue un article de ta lettre du 3 pluviose ; tu demandes dans cet article si le 6ᵉ bataillon du Lot qui est dans ta division doit subsister ; je te réponds affirmativement que oui, il a cela de commun avec tous ceux qui ont été formés antérieurement à la levée en masse, et certes, cela est bien nécessaire pour nous qui venons de perdre deux demi brigades et les deux meilleurs bataillons de l'armée, pour nous qui n'aurions sans ce sage arrêté que dix-neuf bataillons pour défendre soixante lieues de territoire, et une immensité de cours, de défilés, de gorges et de points importants et multipliés, pour nous qui comptions avoir une armée de quarante mille hommes d'après les états fournis par les quartiers maîtres, et qui n'avons pas vingt mille combattants ! pour nous qui venons de recevoir dix mille recrues non habillées, non armées et qui ne savons où prendre les objets essentiels qui leur manquent ! pour nous qui comptions avoir au printemps prochain quatre mille hommes de cavalerie et qui éprouvons le regret amer de ne pas conserver ces cadres ! pour nous qui comptions sur beaucoup d'objets d'artillerie matérielle comme canons, obuses, bombes, boulets, poudre, etc... et qui n'arrivent jamais ! pour nous enfin qui comptions sur les fourrages qui sont dans les départements du Gers, du Lot-et-Garonne et d'autres ressources propres, et qui apprenons que ces mêmes ressources sont destinées à l'armée orientale, mon ami, voilà une tirade qui n'est pas amusante ni pour toi ni pour un chef d'état-major, cependant ne perds pas courage, et croyons que le génie qui plane sur nos têtes et qui préside à la destinée des armées républicaines, nous enverra de quoi subsister et de quoi résister aux ennemis de notre sainte liberté. Adieu, mon cher Lalain, sois toujours brave homme, brave soldat, et sois sûr que tu ne seras pas oublié dans les partages que nous ferons; tu as déjà reçu 300 fusils, tu en recevras 200 au premier moment.

V

A Jourdeuil, adjoint au Ministre de la Guerre

Du 11 pluviôse.

Tu m'as demandé, citoyen, de la part du ministre, un rapport sur l'exécution de la loi du 2 frimaire, loi relative à l'encadrement des bataillons de réquisition et complément des anciens cadres; pour te donner une idée claire de nos opérations, je te ferai un tableau par ordre de date.

Le 15 frimaire les représentants du peuple reçurent la loi du 2 du même mois sur la nouvelle organisation de l'armée. Surpris sans doute de ne voir ni instruction du ministre ni agent supérieur et la loi fixant l'exécution de toutes les mesures qu'elle contenait au 10 nivôse au plus tard, ils prirent un arrêté qui embrassait deux objets ; le premier, la nomination du général Duprat pour agent supérieur, et les adjudants généraux Frère et Desolle pour agents secondaires. Le second, la conservation des bataillons levés depuis le 1er mars et quelques bataillons de réquisition en présence de l'ennemi. J'ai rendu compte en son temps au comité du salut public et au ministre de cet arrêté dont je leur ai envoyé copie avec les motifs puissants qui avaient impérieusement sollicité la conservation de plusieurs cadres que la loi frappait. Si elle eût été suivie dans toute sa rigueur, nous n'aurions conservé que 19 cadres pour la défense de soixante lieues de pays.

L'exécution de toutes les dispositions de cet arrêté fut confié au général en chef pour mettre l'agent supérieur et les agents secondaires en état de remplir leurs fonctions, le général en chef les appela chez lui ainsi que le chef de l'état-major qui communiqua les différents états de sa situation des corps, tant de ceux à compléter que ceux à dissoudre. Ces préliminaires remplis, il fut fait un travail et décidé que le chef de l'état-major requerrait les départements indiqués plus bas de fournir le nombre d'hommes marqués ci-après, savoir :

Le Bec-d'Ambèze....	1500 hommes
La Dordogne...................	1500
Le Lot.......................	1000
Lot-et-Garonne.................	500
Gers.........................	500
Hautes-Pyrénées...............	500
Total..........	5500

conformément à la décision du Conseil et un tableau comparatif des besoins des cadres. Cette réquisition, approuvée par les représentants et dont je t'envoie copie, fut adressée par le chef de l'état-major aux départements désignés.

Les choses étant dans cet état, arriva l'instruction du ministre avec la nomination du général Pistou pour agent supérieur, le général en chef en rendit compte aux représentants du peuple qui ne jugèrent pas à propos de confier cette opération au général Pistou déjà employé dans la division de droite et qui a a été chargé depuis du commandement de la colonne marchant vers Perpignan. Le complètement s'effectuait avec activité et eût été certainement fini au 10 nivôse, si les départements n'avaient mis la plus grande lenteur dans leurs envois. Déjà tous les cadres destinés d'abord pour l'armée de l'Ouest, ensuite pour Toulon, avaient été complétés lorsque l'adjudant général Cravey, nommé par le ministre agent supérieur pour le complètement des cadres, arriva. Les ennemis, faisant quelques mouvements à la division du centre pour donner plus d'ensemble et d'activité à cette division, on jugea à propos d'envoyer le général Duprat pour la commander. Les représentants reconnurent alors l'adjudant général Cravey pour agent supérieur; tout le travail fait jusqu'à ce jour lui fut remis et on lui adjoignit deux agents secondaires.

Depuis ce moment il s'est occupé de sa mission et a complété en entier la division de droite et partie de celle du centre.

La lenteur des départements à fournir leurs contingents et même le peu de soin qu'ils ont mis à les fournir exacts et tels qu'ils auraient dû être (je dois le dire, il a fallu en réformer un très grand nombre) nous a forcé à un nouveau travail avec l'adjudant général Cravey, il résulte de ce travail que les départements suivants fourniront le nombre d'hommes désigné ci-après, savoir :

La Corrèze......................	1500 hommes
Le Lot........................	500
Le Lot-et-Garonne..............	500
Le Bec-d'Ambèze....	500
Hautes-Pyrénées................	400
Basses-Pyrénées................	1000
Total............	2400

Nous attendons avec impatience le résultat de nos réquisitions qui cette fois, j'aime à le croire, auront plus de succès.

J'espère sous peu de jours pouvoir offrir au ministre l'achèvement de cette mesure salutaire sollicitée par notre position.

Je pense que l'agent supérieur te rendra compte en son particulier de toutes les opérations de détail dont sa mission est remplie.

Voilà, citoyen, le tableau exact de nos opérations sur le complément des cadres.

VI

A Jean Lairle,
membre du Directoire du département des Hautes-Pyrénées

Du 14 pluviôse.

Pardon, mon cher ami, si je n'ai pas répondu plutôt à la lettre que tu m'as écrite le 1 pluviôse; pardon si je t'ai forcé par mon silence de m'écrire une seconde fois pour le même objet, je n'étais point à Bayonne, j'étais à la division du centre occupé à des reconnaissances militaires importantes et bien utiles, j'étais à me convaincre que si mon plan que tu as entendu lire au camp de Belchenea eût été exécuté dans le temps et comme je l'ai proposé, rien ne pouvait en arrêter le succès, nous serions aujourd'hui maîtres de la riche vallée de Bastan, en possession de nombreux magasins des ennemis; nous n'aurions plus en évidence et braquées contre nous ces innombrables bouches à feu qu'on aperçoit dans le golfe d'Irun; nous danserions la carmagnole à Fontarabie et à Saint-Sébastien et au Passage, nous aurions de quoi faire subsister notre armée, nous aurions de quoi armer nos jeunes volontaires, nous aurions empêché par cette division la déroute de l'armée orientale, les succès de Ricardos, et nous serions en même pour nous porter au premier germinal à Pampelune et dans tout le pays qu'arrose l'Ebre. Ah! mon ami, que je souffre de voir le plan renversé et de changer une offensive brillante et certaine en une défensive rigoureuse et humiliante. Cependant il faut s'y soumettre, il faut obéir aux décrets de la Convention nationale et croire que ses combinaisons qui s'étendent sur tous les points de la République, valent mieux que celles d'un individu qui ne voit qu'un objet.

VII

A Digonet, lieutenant-colonel, commandant le 4e bataillon des Landes
et provisoirement le camp des sans-culottes.

Je suis fâché, mon cher Digonet, que le général Frégeville n'ait pas parlé dans sa narration de l'affaire glorieuse du 17 pluviôse, du courage, de l'audace, et de la valeur du 4e bataillon des Landes, mais cette faute qui ne peut être qu'un oubli de sa part et même involontaire devait-elle lui mériter les reproches, l'indignation et les épithètes vraiment horribles dont tu l'accables ? Ah ! mon ami, je crains bien qu'on ait monté ta tête, aigri ton esprit, et cherché à opérer par cette perfide insinuation, par une misérable gloriole, un schisme entre Frégeville et toi, un germe de discorde entre le bataillon du Tarn et le 4ᵉ des Landes, et enfin une division entière dans l'armée, qui ne reconnaît pas à tout ceci l'œuvre des malveillants, les moyens affreux qu'ils emploient pour diviser partout les patriotes et les vrais montagnards ; mais certes ils n'auront pas raison ces êtres méprisables plus attachés aux idées de la tyrannie et de l'esclavage qu'à celles de la liberté et de l'égalité. Leurs trames, leurs machinations honteuses seront encore une fois déjouées et la bonne armée des Pyrénées Occidentales, l'armée par excellence et qu'on peut appeler celle des Thermopiliens et des Salaminiens restera toujours ferme, toujours fidèle à la cause sacrée qu'elle défend et qu'elle saura faire triompher en dépit des jaloux, des pervers et machinateurs.

Mon ami, c'est au nom des représentants du peuple qui t'aiment et qui t'estiment, c'est au nom du général en chef de l'armée, et c'est aussi au nom de notre amitié réciproque que je t'écris pour te prier de ne pas donner de suite à une affaire qui pourrait produire le plus grand mal dans l'armée, et te devenir funeste à toi-même. Il faut, pour être républicain, savoir tout sacrifier, tout faire pour son pays, et surtout ne jamais s'abandonner aux mouvements d'un orgueil ou d'une vanité puérile. Le bataillon que tu commandes a fait ses preuves, il a combattu l'ennemi en héros, toute l'armée le sait ; son triomphe ne peut donc être perdu, il reste écrit dans le cœur de chacun de nous, et j'espère qu'il s'y gravera encore plus et à mesure que les occasions qu'il aura de se signaler se présenteront. Adieu, mon brave ami, oublie les sentiments d'une fausse sensibilité, d'un orgueil mal entendu, d'une vanité déplacée, écarte les conseils perfides que voudraient te donner les faux amis de la patrie, ne vois que cette mère chérie, ne porte ta sollicitude et les regards que sur les enfants qu'elle t'a confiés, et ne vois dans la belle carrière que tu parcours que les devoirs de l'homme libre, d'un franc et d'un sincère républicain.

P.-S. — C'est dans le plan de l'affaire du 17 pluviôse qui a été envoyé au comité du salut public et au ministre qu'il faut voir la conduite du 4ᵉ bataillon des Landes, c'est dans la légende de ce plan que l'on voit et que l'on lit plusieurs fois le nom du 4ᵉ bataillon des Landes ; on le trouve dans toutes les marches repoussant l'ennemi, marchant le pas de charge et criant toujours vive la République, vive la liberté et l'égalité.

VIII

A Turman, commissaire des guerres.

Du 1ᵉʳ ventôse.

Je te préviens, citoyen, que le général en chef t'a choisi pour procéder à l'organisation du bataillon de sapeurs qui doit être affecté à cette armée d'après la loi du 25 frimaire. Je t'adresse un exemplaire de cette loi avec l'instruction du conseil exécutif provisoire. Cettte formation exige de la célérité, donne tes soins à ce qu'elle soit bientôt achevée.

Je te renvoie à l'art. 3 de l'instruction annexée à la loi du 25 frimaire pour les demandes à faire aux conseils d'administration des différents corps de l'armée.

IX

A Delalain, général de division.

Du 3 ventose.

Oui, mon cher général, j'ai fait une description aussi de la charmante expédition des chasseurs basques, mais je ne sais par quelle fatalité le comité du salut public ne l'a fait insérer sur le bulletin de la Convention. Barrère s'est contenté d'en prendre la substance et de l'insérer dans son rapport ; une autre fois je serai plus malin, je l'adresserai moi-même à la Convention, et aux journalistes patriotes. Tu me fais des reproches, mon cher ami, que je ne mérite point, tu me dis que je ne t'écris qu'à la dernière extrémité et toujours pour t'enlever quelques parcelles de ta force. Ah mon ami! tu as bien tort de me supposer de pareilles idées ; je voudrais avoir quelques bataillons à ma disposition, et je t'assure que je t'en enverrai, je sais que tu n'es pas assez garni, assez défendu avec les corps que tu as, mais tu dois savoir aussi que les neiges et les frimats opposent des obstacles presque insurmontables aux stupides Espagnols, tu dois savoir que les forces de Caro sont dans ce moment-ci réunies à Irun et que tous les jours il reçoit de nouveaux renforts, il convient d'être en mesure de ce côté-ci, et de résister vigoureusement aux projets d'un ennemi qui n'a d'autre but que d'enlever notre position, de brûler Urrugne, de s'emparer de Chauvinedragon, il pourrait alors s'avancer sur Bayonne avec plus de méthode et plus de facilité, nous aurons soin de nous y opposer et de déjouer ses calculs et ses combinaisons, mais certes nous ne pouvons le faire qu'avec des forces et des moyens plus considérables que ceux que nous avons. Bientôt sans doute il nous en arrivera et bientôt nous crierons : Vive la République ! Vive la Montagne !

Tu auras vu par l'extrait du livre d'ordre de hier que Pinet continue toujours l'épuration de l'armée. Reynier, le capitaine des guides, envoyé par le scélérat Rolland en créature de Servan et membre d'un comité de présentation qui voulait avilir la représentation nationale et diriger l'opinion en faveur d'une faction perfide, a été destitué avec son lieutenant Bachelier, homme taré et très-suspect. Dalbarade et Larouy les remplacent, tu applaudiras sans doute à ce choix et tu diras comme tout le monde, voilà les hommes qui conviennent à ces places. A propos des guides, mande-moi, je te prie, combien tu en as dans ta division et combien tu crois qu'il en faut pour que le service se fasse bien exactement. Adieu, mon cher général.

X

A Vignes, adjudant-général, chef de brigade.

Du 3 ventose.

En repassant ma correspondance avec toi, mon cher Vignes, je me suis aperçu que plusieurs articles de tes lettres n'avaient point eu de réponse, pardonne, je te prie, cet oubli, et attribue le aux grandes et continuelles occupations de ma place, sans cesse mon esprit est agité et préoccupé de mille affaires sérieuses et pénibles, au moment même où je t'écris je suis chargé d'une opération importante et qui va me faire dépasser la nuit, dans cet état de choses comment pouvoir penser à tout, prévoir tout, remédier à tout, je ne suis point un phénomène, je n'ai que du zèle et de la bonne volonté, tant mieux si on s'en contente, et si elle peut suppléer au défaut de talents et des autres facultés.

J'ai lu, mon ami, la déclaration du caporal espagnol, venu d'Ispéguy, j'ai lu les contes bleus que Caro répand parmi sa troupe, les détails qu'il fait de l'affaire du 17, les préparatifs de sa nouvelle attaque, l'arrivée du fameux bataillon de Pampelune, tous ses romans en un mot qui doivent animer les esprits et les têtes de ces valeureux castillans, eh bien, tout cela ne mérite de ma part comme de la tienne qu'un sourire de pitié. Ah! Caro, si tu savais ce que valent des hommes libres, des Français audacieux par caractère et par système tu engagerais ton maître imbécile à demander la paix, tu renoncerais à la seigneurie d'Urrugne que tu as promise à ta femme, il vient de se marier à Pampelune et l'histoire porte dans le contrat de mariage les articles en question, à la vicomté de Belchenea et à la principauté de Saint-Jean-de-Luz que tu réserves à ton fils aîné, et à la vice-royauté de Bayonne que tu gardes pour toi; enfin tu te convertiras à la raison, aux principes, et tu deviendras un homme.... non, non, cela n'est pas possible.

La patrouille espagnole aurait du être enlevée toute entière par nos chasseurs basques et il semble que de pareilles expéditions soient faites pour eux, leur légèreté et leur adresse les rend plus aptes que les autres à se rendre aux sommets des monts ; donne leur du stimulant tel qu'une autre fois ils n'abandonneront pas leur proye, il est vrai qu'ils ont eu des dépouilles, c'est quelque chose.

Eh quoi, des soldats désertent, les enfants de la liberté abandonnent leurs drapeaux. Quelle horreur! quelle scélératesse! mon ami, je crois avoir donné un ordre à ce sujet, et l'avoir écrit de manière à faire sentir à tout individu qui commettrait ce crime qu'il est indigne de se dire le défenseur de la patrie, qu'il n'est qu'un lâche et un parjure, réitère cet ordre et engage les chefs de bataillons à poursuivre, à dénoncer, à livrer à toute la rigueur des lois les hommes coupables d'un pareil délit, je t'enverrai des codes pénaux et des permissions aussitôt qu'elles seront imprimées, il y a trois semaines que cet ouvrage devait être fait ; mais nos imprimeurs de Bayonne sont sans doute comme les agioteurs, ils trouvent qu'ils ne gagnent pas assez à ce métier là.

Le conseil général de la commune de Bayonne aux citoyens représentants d'un peuple régénéré.

Tandis que par vos soins la vertu est à l'ordre du jour ; lorsque par un décret formel vous venez de déjouer les desseins perfides de l'athéisme, en reconnaissant l'existence d'un Etre suprême et l'immortalité, ou plutôt en déclarant que telle avait toujours été la croyance du peuple français ; au moment même où vous vous montrez les plus occupés de faire goûter à l'honnête indigence une partie des avantages que lui assure la révolution, et dont la fin de la guerre, suite de la chute prochaine de tous les trônes en Europe, amènera l'entier complément, qui croirait que les factions anti-républicaines, tant de fois terrassées par vous, osassent encore renouer leurs trâmes infernales, et annoncer un nouvel espoir? Oui, citoyens représentants, il n'est que trop vrai, les ennemis de la révolution, semblables à l'affreux reptile des déserts, s'ils ne sont tout à fait écrasés, si un seul a échappé aux coups vengeurs de la massue nationale, relèvent d'abord leur tête horrible, continuent de faire entendre leurs sifflements et de darder leur venin sur les meilleurs patriotes. A peine ses dignes collègues, délégués sur cette frontière, ont eu frappé une partie des conspirateurs qui la souillaient, qu'aussitôt de nouveaux traîtres, de nouveaux conspirateurs, complices sans doute des premiers, ont osé, même du fond des maisons de réclusion, où la raison de la sûreté publique les avait fait renfermer, ouvrir de nouveaux complots, et chercher la liberté de les mettre à exécution en versant sur ces intrépides montagnards le poison de la calomnie, dans la vue d'obtenir pleine carrière par leur rappel.

Mais non, citoyens représentants, les patriotes des Basses-Pyrénées sont là pour imposer silence à tous les malveillants et les faire rentrer dans la poussière : ce sera d'eux que vous apprendrez ce qu'ont fait vos collègues pour sauver la chose publique dans un pays où ils avaient à combattre en même temps et les ennemis intérieurs et les ennemis extérieurs ; ce qu'ils ont fait pour mériter la haine des royalistes, des aristocrates, et l'amour des vrais républicains qui sont tous disposés à verser leur sang pour défendre en eux la représentation nationale et la cause de la liberté et de l'égalité.

(*Moniteur*, séance du 13 prairial 1794).
Monidi 29 Germinal l'an 3ᵉ (Samedi 18 avril 1795, vieux style).
Mon. t. 24, p. 230.

Tallien, au nom du Comité du Salut Public.

Votre Comité du Salut Public vient avec douleur vous entretenir des excès et des crimes, qui, sous le règne de la terreur, et d'après les ordres de nos derniers tyrans, ont un moment souillé les conquêtes faites en Espagne par l'une de nos armées. Votre comité connaît ses devoirs et ce que la confiance dont vous l'avez investi lui donne de puissance.

Cependant il n'a pas cru devoir prendre sur lui tout seul la réparation de ces crimes et de ces excès. Il s'agit d'un acte éclatant de justice nationale ; il lui a semblé que c'était à la Convention nationale toute entière qu'il devait appartenir de l'ordonner.

La province de Guipuzcoa, qu'occupe l'armée des Pyrénées Occidentales, et la province de Biscaye, qui y est attenante, sont dignes d'un grand intérêt par leurs productions et plus encore par le caractère de leurs habitants. Au milieu de la servitude générale, ils ont conservé de grandes traces de liberté ; ils ont des lois constitutionnelles dont plusieurs ont avec les nôtres une ressemblance frappante, et qui sont une des plus puissantes barrières que la raison et le courage des peuples aient élevées entre le despotisme et leurs droits. Vous jugerez de l'esprit général de ces lois par la teneur de la loi seconde, qui s'exprime ainsi :

Si un envoyé du pouvoir arbitraire se présente dans la province, le premier citoyen qui le rencontrera doit lui ordonner de se retirer ; s'il refuse qu'on le lui ordonne encore ; et à la troisième fois qu'on le tue.

Le caractère des habitants de cette contrée est énergique comme leurs lois.

Fait pour la liberté, et plein naturellement d'affection et d'estime envers les peuples qui combattent pour elle, c'est, de tous ceux sur le territoire desquels la République a porté ses armes, celui qui les a vues approcher avec le moins d'effroi.

Votre comité gardera le silence sur les détails des horreurs commises dans ces contrées par les ordonnateurs en chef, par les exécuteurs subalternes ; il se taira par des raisons que pénétrera votre sagesse, et se bornera à un seul rapprochement.

Dans la Catalogne, à l'approche d'une autre de nos armées, les villes, les bourgs et les villages étaient déserts ; le peuple fuyait, chargé de tout ce qu'il pouvait emporter de meubles et de denrées, et il mettait le feu à ce qu'il n'emportait pas ; ainsi ses terreurs ou sa haine ne livraient à nos phalanges victorieuses qu'un pays vide de subsistances et d'habitants. Le peuple de la Guipuzcoa restait, à notre approche, paisible dans ses foyers, ou même il venait au devant de nous, joyeux d'une conquête qui lui promettait la restitution de ses droits, et bien éloigné de penser qu'il n'obtiendrait pas d'un peuple généreux et libre ce que les nations les plus esclaves et les plus féroces ne refusent pas aux nations qu'elles conquièrent, l'exécution précise des conditions sous lesquelles ils se sont soumis : mais le régime de sang, de démence et de destruction qui pesait alors sur la France devait aussi s'étendre sur ses conquêtes. Voici les détails d'une partie des excès et des crimes qui ont été commis ; il nous en coûte de ne pas pouvoir les épargner à votre sensibilité. La ville de St-Sébastien avait ouvert ses portes sans résistance, les états de la Guipuzcoa étaient assemblés et ils étaient occupés à émettre leurs vœux en faveur de la République française. Un acte arbitraire (vous saurez en temps et lieu de qui il était émané) cassa ces états. Leurs membres, choisis parmi les habitants qui avaient obtenu la confiance du peuple par leur patriotisme et leur probité, furent arrêtés et transférés à Bayonne, où on les incarcéra dans la citadelle.

Cet acte de despotisme avait commencé à aigrir le peuple ; on acheva de l'aliéner par d'autres excès : la capitulation de Saint Sébastien fut indignement violée; on chassa ses magistrats, et on établit en leur place une commission municipale, composée d'hommes dont le moindre vice était leur immoralité ; on fit fermer les églises, on mit en arrestation des prêtres ; les religieuses même, arrachées de leurs couvents, furent entassées sur des charrettes et livrées à un piquet de hussards qui leur firent ainsi traverser le pays conquis et les conduisirent à Bayonne, où elles furent incarcérées et traitées de la manière la plus barbare.

Vous devez penser l'impression que cette série d'injustices, de violences et d'atrocités dut produire sur un peuple aussi attaché à ses opinions religieuses et renommé par son respect pour la foi des traités. Tous ceux qui avaient les moyens de fuir abandonnèrent leurs foyers, et la France fut menacée dans la Guipuzcoa comme en Catalogne, de n'avoir conquis que des déserts.

Voici la conduite qu'on tint à l'égard de la Guipuzcoa.

Voici comment la Biscaye fut traitée. Plusieurs colonnes s'avancèrent dans l'intérieur du pays, le fer dans une main, la flamme dans l'autre ; un grand nombre de villages furent brûlés, ainsi que plusieurs bourgs, entre autres ceux d'Arracia, d'Ondarrou et de Berriatna, situés au milieu des montagnes, dans des vallées que la paix et la sécurité avaient jusqu'alors habitées. Les peuples de la Biscaye virent, pour la première fois, des Français, des ré- publicains ; mais que dis-je des Français, des républicains ! ceux qui commirent de semblables horreurs sont indignes de porter ces honorables titres, et ils les virent exerçant tout ce qu'ont de plus exécrable la destruction, la débauche et le brigandage. Les femmes et les filles furent violées ; des malheureux sans défense, et qui demandaient la vie à genoux, furent massacrés. On emmena un prêtre et on le renvoya après l'avoir mutilé.

Ces abominables atrocités eurent un salaire digne d'elles. Les Biscayens, qui nous auraient reçus peut-être en frères comme la Guipuzcoa, se sont levés en masse, et nous n'avons pas maintenant d'ennemis plus acharnés. Ils occupent, au nombre de quatorze ou quinze mille, des défilés et des bois, d'où ils tombent à l'improviste sur nos frères d'armes, et vengent dans leur sang celui des leurs que des monstres ont versé. Je sais, et l'Europe le sait aussi bien que nous, que rien n'est impossible à nos phalanges républicaines, et que, lorsque vous l'ordonnerez, elles sauront bien, malgré tout ce que la vengeance donne d'énergie nouvelle aux Biscayens, surmonter leur résistance ; mais, armés pour la plus sainte des causes, devons nous souffrir qu'elle soit souillée par des atrocités, et que des scélérats rendent le nom français exécrable à des peuples qui l'eussent béni, si la justice des agents du gouvernement avait égalé le courage de nos frères d'armes.

10

Les excès que nous venons de vous dénoncer n'eussent-ils eu d'autre effet que d'exciter les plaintes et de faire couler les larmes des opprimés, ce serait un assez grand crime, et il serait non-seulement de votre humanité, mais d'une politique bien ordonnée de ne pas les laisser impunis. Il y a je ne sais quelle malédiction qui s'attache à la cruauté et à l'injustice, et qui fait descendre tôt ou tard la vengeance sur les gouvernements à qui leurs fureurs sont dénoncées et qui ne les répriment pas.

Les mêmes moyens qui ont acquis à votre comité la connaissance des crimes qu'il vous dénonce eussent pu lui servir pour mettre les coupables sous la main des tribunaux ; mais il les rejette : il a cru de son devoir de donner à cet acte de justice nationale toute l'authenticité qu'il peut avoir. Des faits qui ont souillé la gloire du nom français ne lui ont pas semblé devoir être expiés par la seule intervention d'une section des représentants de ce même peuple. Il a pensé que c'était à la Convention nationale toute entière qu'il convenait de les désavouer et d'en ordonner la réparation. C'est dans cette vue que votre comité vous propose le projet de décret suivant :

La Convention nationale, après avoir entendu le rapport de son comité du salut public,

Désavoue les cruautés et les injustices qui ont été commises par les agents de l'ancien gouvernement dans les pays conquis en Espagne, et notamment dans les provinces de Guipuzcoa et de Biscaye.

II. Il sera fait une proclamation dans laquelle seront exposés les principes d'humanité et de justice qui doivent être observés dans les pays conquis, et notamment dans la Guipuzcoa et dans la Biscaye.

III. Le Comité de salut public est chargé de rédiger cette proclamation. Il fera arrêter, poursuivre et traduire devant les tribunaux les oppresseurs de ces contrées, et fera mettre de suite en liberté ceux des habitants de la Guipuzcoa qui ont été arbitrairement incarcérés et qui peuvent être encore en état de détention.

Ce décret est adopté au milieu des plus vifs applaudissements.

CHARLES DELACROIX. — Je demande que le rapport et le décret soient imprimés, traduits en espagnol, et que les coupables expient leurs crimes à Saint Sébastien même.

Cette proposition est décrétée.

Doulcet. — Il est probable, d'après le rapport même qui vient de nous être fait, que ces horreurs ont été autorisées par un représentant du peuple. Si cela est, il doit être puni. Je demande que le rapporteur s'explique à ce sujet.

TALLIEN. — Il est vrai que, dans le mémoire qui nous a été adressé par le général en chef de l'armée des Pyrénées Occidentales, et qui a servi de base au rapport, un représentant du peuple se trouve inculpé ; mais nous n'avons pas pour le dénoncer des preuves suffisantes. Nous rechercherons les causes de ces excès, et nous ferons un nouveau rapport.

Séance du 30 floréal an 3.

Le représentant du peuple près l'armée des Pyrénées Occidentales, au comité du Salut public,

Saint-Sébastien, pays conquis, le 22 floréal,
l'an 3 de la république française.

Aussitôt que la déclaration du comité aux habitants de la province du Guipuscoa et votre arrêté du 6 floréal présent mois m'ont été connus par la voie des bulletins de la Convention nationale, je n'ai pas cru devoir attendre qu'il me fut porté par un courrier extraordinaire pour le mettre à exécution. Je me suis rendu le 20 à Saint-Sébastien, j'ai convoqué le 21 toutes les autorités du pays conquis, ainsi que tous les membres composant la députation des états, et tous ceux qui, aux termes de leur constitution, avaient droit de voter dans leurs assemblées. Réunis tous à la maison commune, je leur ai fait donner lecture en espagnol du décret du 17 germinal dernier et du rapport qui l'a précédé, de la proclamation et de votre arrêté du 6 floréal, qui rend à la province de Guipuscoa tous ses droits politiques et civils.

Je leur ai déclaré, au nom de la Convention, que tout ce qui avait été établi jusqu'alors était annulé, et que je les invitais à reprendre chacun leurs fonctions ; ce qui a été fait sur le champ. Aussitôt je les ai requis de dresser procès-verbal de la séance, que je vous envoie ci-joint, dans lequel sont inscrit : le décret du 27 germinal dernier, le rapport qui l'a précédé, la proclamation du 3, et votre arrêté du 6 floréal afin qu'il soient imprimés, publiés, affichés et envoyés à toutes les communes de la Biscaye et du Guipuscoa ; ce qui a été délibéré et arrêté sur le champ, et l'assemblée, se levant spontanément, cria plusieurs fois : *vive la République Française.*

La joie la plus vive était répandue sur tous les visages : cet acte de justice de la Convention nationale, et l'arrestation de tous les voleurs et auteurs des vexations, que j'ai fait conduire sous bonne et sûre garde à la citadelle de Bayonne, ont ramené la confiance dans tout le pays, et nous assurent de nombreux secours pour notre année et l'exécution ultérieure de nos projets. Quoique la province de Biscaye se soit levée en masse contre nous, et qu'on ne puisse communiquer avec ses habitants que très difficilement, elle ne tardera pas, par les mesures que nous avons prises, le général en chef, le syndic général des états et moi, à connaître ces décrets, la proclamation et votre arrêté.

J'ai nommé quatre citoyens, pour, avec le syndic général des états, faire constater, conformément à l'article III de votre arrêté, l'état des dommages causés aux habitants du Guipuscoa, depuis la capitulation du pays.

J'aurai soin de vous instruire, citoyens collègues, de l'effet que produira cet événement dans la Biscaye

Salut et fraternité,

Signé : CHAUDRON-ROUSSEAU.

Nota. — Depuis l'entrée des Français dans le pays, les Guipuzcoans se servent de l'ère républicaine.

Voici le procès-verbal :

L'an troisième de la république française, le 21 floréal, en vertu de la demande du représentant du peuple Chaudron-Rousseau, délégué à l'armée des Pyrénées Occidentales, au citoyen Romero, député général de la province du Guipuscoa, pour faire assembler la députation extraordinaire de ladite province, les autorités constituées et les citoyens votants actifs de Saint-Sébastien, se sont asssemblés les dits Romero, Jean-Ignace Amianca, Joachim Barroeta, Zaraux et Aldamar, Joseph-Hilaire Maiz, François Xavier Leizaur, membres de la députation extraordinaire de ladite province ; Jean Joseph Vincent Michelena et Jean Baptiste Zozaya, alcades de cette ville ; les municipaux Jean Joseph Cardon, François Antoine Gestellet, Jean Emmanuel Zelone et Firmin Claussens ; les députés de la commune, Joseph Nicolas Legorda, Jean Azpileneta, et Joseph Ignace Armendarietz ; les jurés, Joseph Antoine Lozano et Joseph Joachim Lacboru ; le syndic Sébastien Urrutia ; Viencent Mendizabal, Fernandès Guayoa, Gesu Joseph Ibanez, Zalata, Ignace Joaquin Izartamendi, Joseph Antoine Etcheverris, Joseph Rémond et Zubillaga, Joseph Ignace Parlz et Joaquin Veroiz, habitants, et du conseil de cette ville et au nom de cette dernière, et Joseph-Jacques Clasiens comme prieur du consulat, et en son nom et représentation, et beaucoup d'autres habitants, qui tous se sont trouvés présents dans la salle de la maison commune, après quatre heures sonnées, et en présence de moi Joseph-Antoine Yreta , secrétaire de la ville, le représentant du peuple Chaudron-Rousseau est entré dans la salle et, après avoir pris place, il a prononcé à haute voix un discours qui a été lu en espagnol par le député général Romero, et traduit dans la même langue par le citoyen Bellocq, qui est comme suit :

« Je viens, citoyens, au nom du peuple français, au nom de la
» Convention nationale, faire exécuter, dans la province du Gui-
« puscoa, un arrêté du comité de salut public, qui vous rend tous
« vos droits civils et politiques, droits que vous n'auriez jamais dû
« perdre, si des principes de justice avaient dirigé ceux qui, en
« entrant dans le pays conquis, furent chargés de sa police, de
« respecter vos usages et vos droits.

« La Convention nationale a trop longtemps ignoré les atrocités
« et les injustices commises dans la province de Guipuscoa.
« Aussitôt qu'elle en a été instruite, elle s'est empressée de les
« désavouer.

« Elle me charge aujourd'hui, ainsi que mes collègues envoyés
« près l'armée des Pyrénées Occidentales, de les réparer et de
« faire constater les dommages qu'ont éprouvés vos malhéureux
« concitoyens.

« Organe, près de vous, de la Convention nationale, dans ce
« moment, je viens partager la joie bien naturelle que doit vous
« causer cet acte de justice. Vous m'aiderez, citoyens républi-
« cains (car vous l'ètes par votre constitution), à réparer les injus-
« tices du long règne d'oppressions qui a pesé malheureusement
« trop longtemps sur tous les habitants de cette province, et le
« jour où personne n'aura plus à se plaindre du gouvernement
« français sera un jour de satisfaction pour la Convention nationale
« et un jour de bonheur pour moi.

« Je demande que les anciennes autorités du pays conquis
« reprennent aujourd'hui tous leurs droits; que le décret de la
« Convention nationale, du 27 germinal dernier, le rapport qui l'a
« précédé, la proclamation du comité de salut public, du 5 floréal,
« et son arrêté du 6 floréal, soient lus à l'assemblée, inscrits sur
« le champ sur ses registres, qu'il soit dressé procès-verbal de
« cette séance, afin qu'il soit imprimé, publié, affiché, et envoyé
« à toutes les communes des provinces du Guipuscoa et de
« la Biscaye. »

Le représentant du peuple a aussi observé à l'assemblée que,
conformément à l'arrêté du comité de salut public, les autorités établies dans la province du Guipuscoa par les représentants du peuple
demeurent supprimées, et que celles qui existaient dans le pays
dans le temps de l'entrée des Français, doivent occuper leur places
sauf au peuple à faire la nomination aux places vacantes par
l'émigration ou autrement, conformément à ce que prescrit la
constitution du pays ; et lesdits décrets ont été lus en langue espagnole par ledit citoyen Bellocq.

Ce discours a été applaudi avec les cris de *vive la République* !
vive la Convention nationale ! Le citoyen Romero, député général
de la province, prenant la parole, a dit au citoyen représentant
du peuple :

« Le peuple guipuscoan est digne de s'associer aux destinées
« brillantes de la république ; déjà, à l'approche de vos phalan-
« ges victorieuses, il avait de nouveau proclamé son indépendance
« que, pendant cinq cents ans, il avait su défendre contre les
« prétentions insidieuses d'un gouvernement astucieux.

« Des mesures sévères et impolitiques étouffèrent nos senti-
« ments. Mais pourquoi rappeler les maux qui nous ont accablés,
« lorsque nous devons nous livrer avec effusion à la plus douce
« comme à la plus digne confiance de fraternité ?

« Nous promettons à la république française, que nos opéra-
« tions seront dictées par notre reconnaissance et les sentiments
« de notre liberté. »

Puis, s'adressant aux assistants de l'assemblée, il leur dit :

« Citoyens, j'ai promis à la république française, au nom du
« peuple guipuscoan, que nos opérations seront dictées par notre
« reconnaissance et les sentiments de notre liberté. Il ne me
« reste aucun doute que votre énergie soutiendra ma promesse. »

L'assemblée a démontré par voie d'applaudissements et d'approbation les intentions du peuple guipuscoan dans le discours qu'a prononcé le citoyen Romero.

A l'instant, le général en chef a prononcé à l'assemblée un discours comme il suit :

« Vous devez compter, citoyens, sur les principes d'humanité
« et de justice qui dirigent la Convention nationale de France ;
« vos droits vous sont rendus ; c'est annoncer que tout doit être
« oublié, et qu'une confiance sans réserve doit renaître dans vos
« cœurs.

« Votre caractère, aussi énergique que vos lois, est à la
« Convention nationale de France, il est aux représentants du
« peuple près l'armée le sûr garant de votre amour de la
« liberté. Les baïonnettes des républicains français sauront secon-
« der le vœu des républicains guipuscoans pour l'indépendance,
« et défendre leur territoire de l'invasion de nos ennemis com-
« muns. Tel est l'engagement sacré que je prends au nom de
« la brave armée que j'ai l'honneur de commander. »

Ce discours a été applaudi à diverses reprises ; après lequel il a été fait lecture, par le député général Romero, du rapport fait par le représentant du peuple Tallien, au nom du comité du salut public, du décret du 26 germinal, de la proclamation et résolution du comité de salut public, du 3 et 6 floréal, lesquels ont été transcrits sur le registre, et il a été délibéré unanimement d'en adresser les collationnés à tous les peuples de la province, en les exhortant d'avoir d'ici en avant la plus grande confiance sur la justice et la loyauté du peuple français.

La séance s'est levée par les cris de *vive la République ! vive la Convention !* Les autorités constituées et les citoyens qui étaient présents ont accompagné le représentant du peuple jusque dans son logement, en lui démontrant la sensibilité des Guipuscoans à la bénigne justice que vient de leur accorder la Convention, et il a été délibéré d'adresser un collationné au représentant du peuple Chaudron-Rousseau, et le député et le secrétaire ont signé.

Fait à Saint-Sébastien, les dits jour, mois et an que dessus.

Signé : ROMERO, YRETA, *secrétaire.*

Pour traduction conforme a l'original,

Signé : ZUARINAVAR.

Romero, député général de Guipuscoa, aux citoyens représentants du peuple composant le comité du salut public.

Saint-Sébastien, le 29 floréal,
l'an de la république française, une et indivisible.

« Vive la Convention nationale, qui a terminé le crime, fait
« triompher la vertu, rendu le fier cantabre guipuscoan à ses
« droits primitifs! Jamais, citoyens représentants, non jamais
« l'ambitieuse Rome, cette maîtresse du monde, ne put s'enor-
« gueillir d'avoir enchaîné le Cantabre au char insultant de ses
« triomphes; mais la république française l'attache aujourd'hui
« par ses vertus, par l'hommage éclatant qu'elle rend à l'inno-
« cence opprimée, à celui de sa révolution, révolution qui, sous
« le règne de la justice, fera désormais le bonheur du genre
« humain.

« Mon devoir, citoyens représentants, à l'entière évacuation
« de Guipuscoa par les armes de nos ennemis, sera de convoquer
« de suite l'assemblée de toutes les communes; de faire connaître
« tout ce que nous devons à la générosité de la Convention
« nationale, et de lui communiquer son vœu. Nous brûlons tous
« du même amour de la liberté, et c'est avec la plus vive
« impatience que je soupire après l'heureux jour ou j'aurai la
« douce satisfaction d'être l'organe des sentiments d'amour, de
« reconnaissance et de fraternité dont les républicains Cantabres
« guipuscoans sont pénétrés envers leurs libérateurs et frères,
« les républicains français.

« Vive à jamais la république! Vive la Convention nationale!

« Salut et fraternité: ROMERO. »

Lettre à la Convention.

Au quartier général à Saint-Jean-de-Luz le 10 prairial,
l'an 3 de la république française.

L'armée des Pyrénées Occidentales a frémi d'horreur et
d'indignation à la nouvelle des événements affreux qui ont
souillé les journées des 1er et 2 prairial. Quoi! la représentation nationale a été violée! le sang d'un représentant du
peuple a coulé! la vengeance nationale n'a pas frappé tous

les scélérats qui ont osé commettre ce parricide!Quoi! les buveurs de sang, les chefs des terroristes respirent encore! La pitié ne serait-elle que pour ceux qui l'ont foulée aux pieds ! Jusqu'à quand de vains prétextes serviront-ils les vains projets des factieux ? Paris manque de pain ; il se plaint ; la partie égarée des habitants de cette commune ignore-t-elle donc que l'armée des Pyrénées Occidentales, au milieu du plus rude des hivers, sans souliers, sans habits, n'ayant pour toute jouissance que son énergie et son impassibilité, a resté pendant vingt-cinq jours sans pain, qu'elle a été réduite pour toute subsistance à six onces de riz par homme? Ignore-t-elle qu'aucun murmure ne lui est échappé ; qu'elle s'est contentée de dire, en criant: *vive la République* ! on nous donnerait du pain s'il était possible d'en avoir ! Ignore-t-elle enfin qu'au milieu de l'abondance, dans le pays conquis, les propriétés ont été respectées, et qu'aucune plainte ne s'est élevée.

Voilà des vertus à imiter, voilà des actions dignes de la reconnaissance, de l'admiration et des contemporains etde la postérité !

Les défenseurs de la patrie auraient épuisé leur sang et leur fortune pour que la république devienne l'apanage de quelques sanguinaires audacieux ?

Parlez, représentants, et une colonne terrible ira venger le peuple souverain, outragé dans sa représentation ; parlez, et ceux qui veulent éloigner le bonheur du peuple, dresser des échafauds, se baigner dans le sang, rentreront dans le néant d'où ils n'auraient jamais dû sortir.

Signé: MONCEY, CHAUDRON-ROUSSEAU. (1).

Déclaration des rois de la maison de Bourbon. (2).

Nos N. rey de España, N. rey de Napoles, N. infante duque de Parma, unidos con la méjor voluntad à las intenciones tan puras del conde dé Artois, à quin pertence la défensa de la corona de Francia durante la violencia que padece el rey su hermano, como su hermano mayor el conde de Provenza : Hemos protestado y protestamos con dicho principe, y con los otros principes de la sangre unidos con el, contra todos los decretos de la Asemblea que se dice *nacional*, por ser contrarios al manteni-

(1) Moniteur.
(2) Lafuente, Histoire d'Espagne.

miento de la religion catolica, à la doctrina de la Iglesia, à la veneracion que se debe à sus ministros y al libre ejercico de la autoridad apostolica.

Protestamos igualmente contrá todos aquellos decretós que atacan y destruyen el gobierno monarquico, las distinciones que son necesarias en él, los derechos inalienables de la corona, señaladameute el de hacer la guerra ó la paz, y en general todos cuantós tienen par objeto trastornar los principios fondamentales sobre que están cimentados las tratados, las alianzas y los demás pactós politicos. — Tambien protestamos contra cualesquiera o tros decretas que destruyan el derecho público de Francia, y sean directamente contrarios al voto national contenido en todas las instrucciones (cahiers) dadas à las disputados, especialmente contre los decretós que han abolido la nobleza, aniquilado la magistratura, despojado al clro de sus bienes y violado todo genero de propiedad.

Declaramos que siguiendo la fe de muestros mayores, nos apondremos contodas nuestras fuerzas à cuanto pueda alterar su pureza en los Estados cuyo gobierno toca par herencia à nuestra casa, y par consiguiente à todo inovacion cismaticá que se proponga privar à las puiblos de sus respectives pastores, desconocer la mission divina de los obispos, y confundir las leyes de la jerarquia eclesiastica.

Declaremos, que justamente indignados de los atropellamientos cometidos contra S. M. Cristianisima, no menos que del cautiverio en que está hace diez y ocho meses, de las injusticia conque los prncipes de la sangre, hermanos del rey, son despojados de todas sus prerogativas y distinciones, de la afectacion chocante de haber quitado las armas de nuestra casa de la bandera national, y per último de las insultos que los facciosos hacen todos los dias à la reina y à la familia réal, no consentiremos que el solio de los Borbones continue epuesto à las mismos ultrajes por mas tiempo; porque no solamente mancillan la fidelidad de la nacion rancesa, sino que son tanto mas intolerables, cuanto que nacen del mismo principio que ha destruido el orden público en el reino, y causado las turbulencias, miserias y males de la anarquia.

Daclaremos, en fin, que si bajo cualquier pretexto se cometiesen de nuevo atentados contra las sagradas persona del rey, la reina, ó contra la familia réal, la ciudad que fuese culpable de ellas sera castigada ejemplarmento, y que las oficiales municipales, los jefes de los distritos, los commandantes de la guardia nacional, y todos los miembros de la asemblea que son conocidos par con-traríés à la monarquia, las cuales nos respondéran con sus cabézas, séran castigados con la ultima pena.

Y para que conste firmamos el presente en... à... de mes.

N. rey de España. — N. rey de Nápoles. — Infante duque de Parme.

N. conde de Artois, principe francès, hermano del rey, en représentacion de S. M. — N, principe de Condé. — N. duque de Borbon. — N. duque de Enghien. »

Atribuyese este proyecto à M. — de Calonne, antiguo ministro de Luis XVI, y se firmo en Parma.

CAPITULATION DE LA VILLE DE BILBAO

CHAPITRE I.

La noble villa de Bilbao se obliga à una neutralidad *absoluta*, y à no tomar parte directa, ui indirectamente en las hotilidades que existen entre su corte y la république francesa.

CHAPITRE II.

La noble villa se obliga à subministrar à la tropa las raciones de pan por quatro dias, contados desde su marcha, y tambien los medios de transportes para conducirlas en seguimiento de sus columnas: lo mismo las municiones, y quatro piezas pequeñas de cañon que no pertenecen à la villa, de que los franceses se han apoderado, y el vino perteneciente à la República : todos estos articulos à la ciudad de Victoria.

CHAPITRE III.

Se obliga tambien à dispensar el transporte, sea por mar à Gue-taria, ó por tierra à Deva, de todos las efectós, sin excepcion, de de que la Republica ha t'amado posesion.

CHAPITRE IV.

En execucion de las capitulos precedentes, el General en Xefe entiende que los transportes, sea par mar ó par tierra de ios pueblos cincunvecinos, pueden ses empleados por la villa de Bilbao; y asi par el presente articule el général en xefe encarga à su ayuntamienta haga todos los requerimientos, para aseguran la evecvcion misma.

CHAPITRE V.

Si los médios de transpartes no dan lugar de pronto, para evacuar todos los efectas pertenscientes à la Republica, el général en xefe pone su custodia, ó conservacion baxo la responsabilidad de ia noble villa de Bilbao.

CHAPITRE VI.

Se nombraran por una y otra parte comisariós, para farmlisar el inventario, y los de la Répública estaran baxo de la salvaguardia y lealtad de todos los habitantes, y del ayuntamiento en particular.

CHAPITRE VII.

La artillera y las armes pertenecientes à la villa de Bilbao la seran dexados sin perjuicio de la que se ha de acordar en el tratado general, que ha de ser concluido con toda la provincia.

CHAPITRE VIII.

Se entregara par les comissarios de guerro, que réciliran las subsistencias de pan de los quatro dios estipuladas, un recibo de lo que hubiere suministrado, cuyo valar ne réintégraré de los *socarros*, que seran exigidos à la provincia de Viscaya.

CHAPITRE IX.

La réquisicion de rapatos y alpargatas hechas por el général Willot tenda su entera excurcion; y quando no pueda efectuarse la de zapotos trabajados, se darà en materiales, y to do estór efectos serán transportados à Vitoria.

CHAPITRE X.

A estas condiciones ó articulos el General en xefe, lleno de confianza en la buena fe de los habitants, y de la justicla de la villa, retira de ella todassns tropas.

CHAPITRE XI.

. Para asegurar ls entera execucion de los articulos precedentes, ja villa de Bilbao da en rehenes à D. Josef Joaquin de Castános, D. Tomas de Goytia, D. Joseph Joaquin de Echevarria, y D. Ildfonso de Bengoecha : firmarón los comisionados respectivos de una y otra parte en la tarde deldia 22 de Julio, segun consta literalmente de su original. (1)

(1) Compendio historico.

TABLEAU I

ETAT ESTIMATIF D'APRÈS LE CITOYEN B. DE CE QUE L'ARMÉE DES
PYRÉNÉES OCCIDENTALES COUTA A LA RÉPUBLIQUE :

Il est sorti des magagins des vivres 700,000 quintaux de
farine ; chaque quintal à raison des mélanges, estimé seulement à 12 francs, ci.. 8.400.000

Idem des fourrages, 5,000,000 de rations, chacune de 10
livres, foin, 10 livres paille et un demi boisseau d'avoine,
à 1 fr. 50 c., ci.. 7.500.000

Idem de l'habillement, 200,000 habillements complets à
50 fr. chacun, ci.. 10.000.000

Le service de la viande a exploité 80,000 bœufs, à 125 fr.
chacun, ci.. 10.000.000

Les transports ont tenu en activité habituelle 4,000 chevaux
à 3 fr. par jour (pertes reconnues), ci.......................... 10.000.000

AUTRES DONNÉES PLUS INCERTAINES

Hôpitaux (entre 4 à 5,000 malades) à raison des mouvements fréquents et de la multiplicité des établissemeuts, ci.. 9.000.000

Eaux-de-vie, vinaigres, légumes, approvisionnements de
siège.. 2.100.000

Bois de chauffage et lumières, ci............................. 600.000

Effets de campements, ci..................................... 900.000

Artillerie et travaux du génie, ci............................ 3.500.000

Frais d'administration et autres dépenses, ci................ 25.000.000

Total.......................... 89.000.000

TABLEAU II

Il a été pris aux Espagnols, dit le citoyen B. pendant la guerre, 535 canons de différents calibres, dont 209 en bronze et 326 en fer.

Pièces de canon conquises, ci.....	»	535

CANON RENDU A LA PAIX

Laissé pour la défense de Saint-Sébastien, de sa citadelle et de ses batteries de côtes, 128 pièces de canon, dont 110 en position et 18 non montées; la majeure partie en fer, de calibres impairs, et par conséquent impropres à l'artillerie française....................	128	»
Dans les pièces ci-dessus, nous ne comptons pas quelques marins d'un très petit calibre, d'une forme irrégulière et imparfaite, et de nulle valeur pour le service.		
Laissé à Guétaria 15 pièces en fer.............	15	»
A Zumaya.................................	2	»
Au port du Passage.....	28	»
A Deva..................................	6	»
Aux batteries de côtes, en avant de Fontarabie......	6	»
Laissé à Orio deux pièces de 24 et 36 de fer forgé appartenant au fabricateur qui prouva que le gouvernement espagnol n'y avait aucun droit	2	»
Total des pièces rendues aux Espagnols, cent-quatre-vingt-sept, ci.................	187	»

TABLEAU III

D'après les ordres de la commission de l'organisanisation et du mouvement des armées de terre, il fut remis au cit. Capon, son principal agent les pièces et les fers coulés hors de service, dont l'état suit :

	Canons de	En bronze	En fer	Total des pièces	
St-Sébastien	12	1	1		
	13	»	1		
	12	1	6		
	10	»	3	25	
	8	»	5		
	6	»	6		
	4	»	1		
Guétaria	27	»	1		
	25	»	5		
	21	»	3		
	18	»	4	53	
	16	»	1		
	13	»	5		
	6	»	2		322
	5	»	2		
Au port du Passage	10	»	4		pièces rendues
	9	»	20		aux Espagnols
	7	»	8		ou transportées
	6	»	17	71	dans nos fonde-
	5	»	7		ries au profit de
	4	»	2		la République.
	4	»	13		
	12	483	»		
	11	494	»		
	8	620	»		
	7	235	»		
	6	148	»		
	5	75	»		
	4	430	»		
	2	80	»		
	Caisses	470	»		
Total............		3038	» »		

14 pièces de canon de fer espagnoles également défectueuses, ont été déposés à l'arsenal de Bayonne, pour y être converties en balles à mitraille ou autres fers coulés.

Il nous reste de pièces espagnoles de bon service, 213.

158 sont de bronze, et 155 en fer ; elles sont désignées par métaux, espèces et calibres dans l'article ci-après, savoir :

Canons espagnols que l'armée des Pyrénées Occidentales a conservés de ses conquêtes :

		En bronze	En fer
Mortiers de	12 pouces	4	»
	7 pouces	1	»
	24	14	3
	18	»	5
	16	22	»
	12 long	9	11
canons de	12 court	6	3
	8 long	1	19
	8 court	18	9
	4 long	5	»
	4 court	39	»
	2	4	»
	8 pouces	7	»
obusiers de	6 pouces	17	»
	15	2	»
Petits pierriers doubles		9	»
Petits obusiers		»	5
		148	55
Total		213	

TABLEAU IV

Au début de la guerre l'Espagne avait en mer ou en armement :

PORT DE CADIX

El Rey Carlos	112	canons
El Conde de regla	112	—
San Carlos	94	—
Bayanna	74	—
Astuto	74	—
Gaillarda	74	—
San Isidora	74	—

La Preciosa (frégate)	34	—
L'Assumtion	34	—
La Cecilia	34	—
La Dorothea	34	—
El Rosario	34	—
La Rosalia	34	—
L'Elena (corvette)	20	—
El Infante (brigantine)	16	—
El Cazador	16	—

PORT DU FERROL

Reyna Luisa	112	—
San Eugenio	80	—
San Raphael	80	—
Magnanimo	74	—
Santa Isabela	74	—
La Galitza	74	—

PORT DE CARTHAGÈNE

San Augustin	74	—
L'Elephante	74	—
El Angel de la Guardia	74	—
El Conquestador	74	—
El Soberano	74	—
El Paris	74	—
El Glorioso	74	—
La Diana	34	—
Soledad	34	—
Lecoadia	34	—
Perla	34	—
El Ganzo	30	—
El Galzo	19	—

TABLEAU V

Noms des régiments espagnols en garnison dans la Péninsule au moment de la déclaration de guerre :

Maison royale, gardes du corps, 3 compagnies : 1 espagnole, 1 flammande, 1 italienne.

Hallebardiers, 1 compagnie ; garde d'infanterie espagnole, 1 régiment à 6 bataillons ; gardes wallones, 1 régiment à 6 bataillons ; carabiniers royaux, 4 escadrons.

INFANTERIE DE LIGNE

Noms des régiments	Date de la formation
Rey	de temps immémorial
Reina	1537
Prince	1537
Galicia	1537
Corona	1537
Africa	1559
Zamora	1580
Soria	1591
Cordoba	1650
Guadalajara	1657
Sevilla	1657
Granada	1657
Valencia	1658
Zaragoza	1660
Espana	1660
Toledo	1661
Mallarca	1682
Burgos	1694
Léon	1694
Murcia	1694
Cantabria	1703
Asturias	1703
Navarra	1705
Aragon	1711
America	1764
Princessa	1766
Jaen	1793
Malaga	1791
Ordenes Militares	1793
Voluntarios de Castilla	1793
Vitoria	1794

INFANTERIE LÉGÈRE

Voluntarios de Aragon	1762
1er voluntarios de Cataluna	1762
2e voluntarios de Cataluna	1762
Voluntarios de Tarragona	1792
Voluntarios de Gerona	1792
Voluntarios de Barcelona	1793
2e voluntarios de Aragon	1793

Cazadores de Barbastro.......... 1794
Voluntarios de Valencia 1794
Canarias 1792

CAVALERIE DE LIGNE
Cuirassiers

Rey............... 1538
Reina.. 1703

Ligne

Principe........... 1703
Infante... 1641
Borbon... 1640
Farnesio...................................... 1640
Alcantara.................................... 1656
Espana.. 1659
Algarbe...................................... 1701
Calatrava.................................... 1703

CAVALERIE LÉGÈRE

Rey.................................... 1674
Reina.. 1735
Almansa.. 1676
Pavia... 1684
Villaviciosa..................................... 1689
La Constitucion............................... 1706
Costa de Granada............................ 1735
Sagunto... 1689
Numancia.. 1707
Voluntarios de Espana........................ 1762
Santiago 1703
Iusitania...................... 1709

L'état complet des troupes nous ayant manqué, nous donnons cependant le nom de quelques-uns des corps ayant servi dans l'armée espagnole des Pyrénées Occidentales :

INFANTERIE

Régiment de Léon. — Régiment de Zamora. — Régiment d'Africa. — Régiment irlandais d'Ultonia.— Gardes Wallones. — Régiment de Medina Cœli. — Légion royale des Pyrénées. — Volontaires de Guipuzcoa, 3 bataillons. — Volontaires de Navarre. — Volontaires d'Aragon. — Volontaires de Biscaye, 2 bataillons. — Chasseurs Aldudiens. — Compagnie à pied des contrebandiers d'Ubeda.

CAVALERIE

Régiment de la Reine, 2 escadrons. — Dragons. — Farnèse. — Gardes du corps. — Compagnie à cheval des contrebandiers d'Ubéda.

Régiments et demi-brigades cités dans cet ouvrage comme ayant fait partie de l'armée des Pyrénées Occidentales :

INFANTERIE

148ᵉ, 39 , 147ᵉ, 57ᵉ, 72ᵉ demi-brigade, 5ᵉ demi-brigade infanterie légère, 40ᵉ demi-brigade de ligne, 2 demi-brigades de chasseurs basques.

CAVALERIE

24ᵉ chasseurs à cheval. — 11ᵉ et 12ᵉ hussards. — 18ᵉ dragons. — Guides de l'armée, 2 escadrons. — Gendarmerie.

Artillerie ex La Fère, 4ᵉ et 9ᵉ bataillon du Bec-d'Ambèze.

Noms de quelques bataillons de volontaires et de réquisition, plus tard incorporés :

Bordeaux et Gironde, 2ʳ, 7ᵉ 8ᵉ bataillon. — Basses-Pyrénées, 1ᵉʳ, 2ᵉ, 3ʳ, 4ᵉ. — Gers, 3ᵉ, 7ᵉ. — Landes, 2ᵉ, 3ᵉ, 4ᵉ. — Hérault, 3ᵉ. — Lot-et-Garonne, 3ʳ, 4ᵉ. — Jura, ? . — Aude, ? . — Hautes-Pyrénées, 1ᵉʳ, 3ᵉ. — Dordogne, 3ᵒ.

Compagnies franches : chasseurs du Gers, 2 compagnies. — Chasseurs du Louvre, 1 compagnie. — Chasseurs de Bordeaux, 1 compagnie.

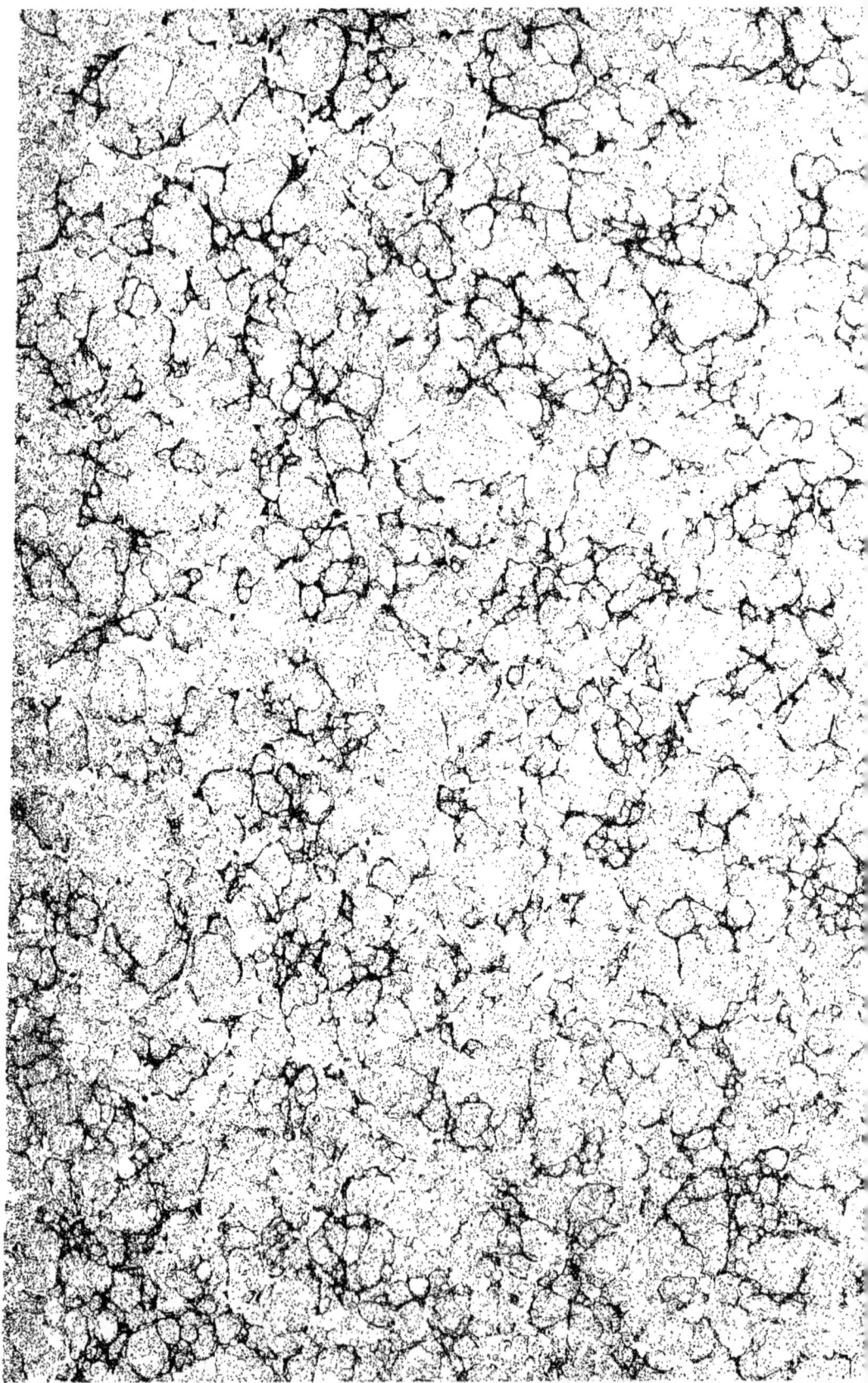

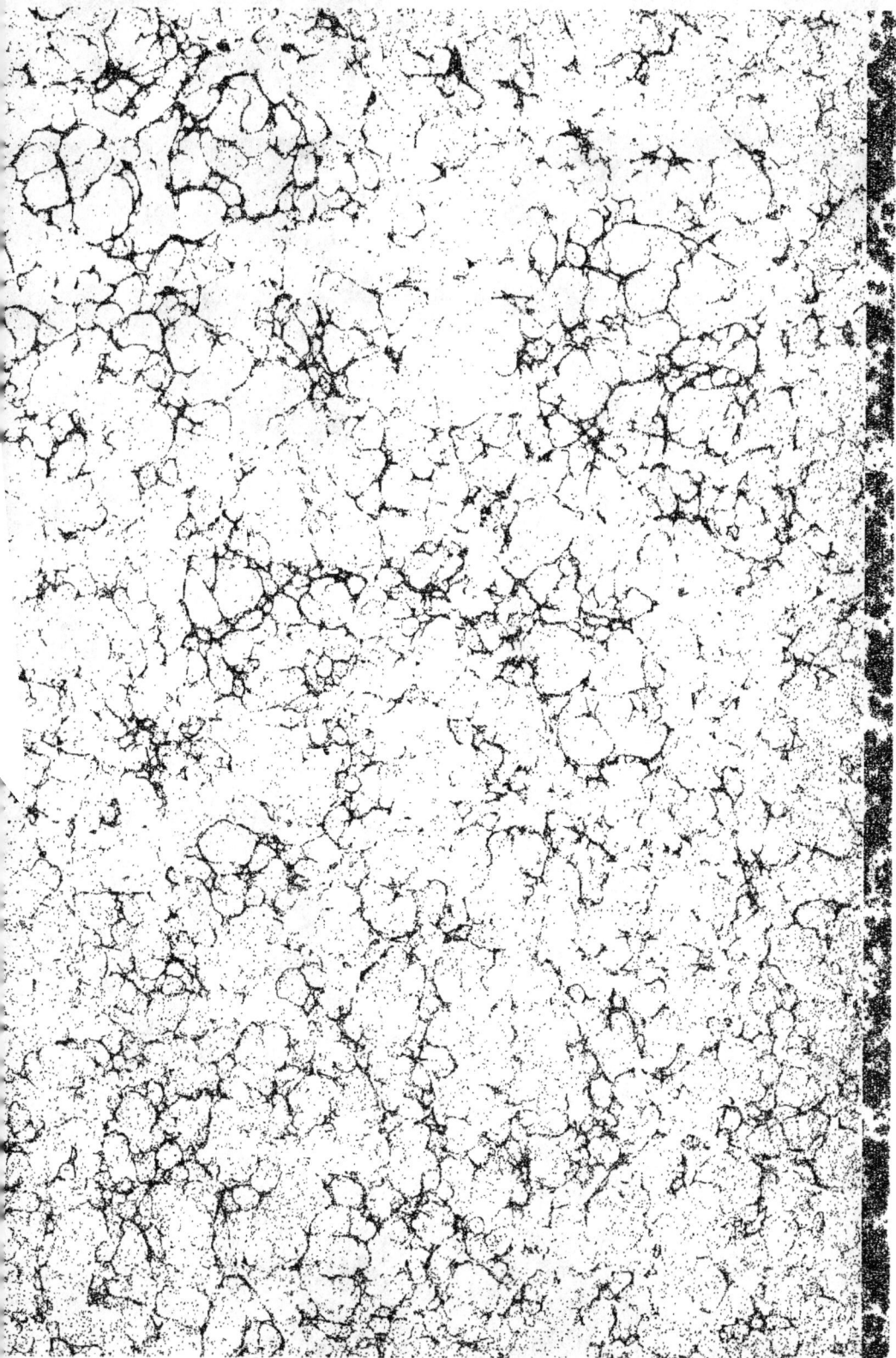

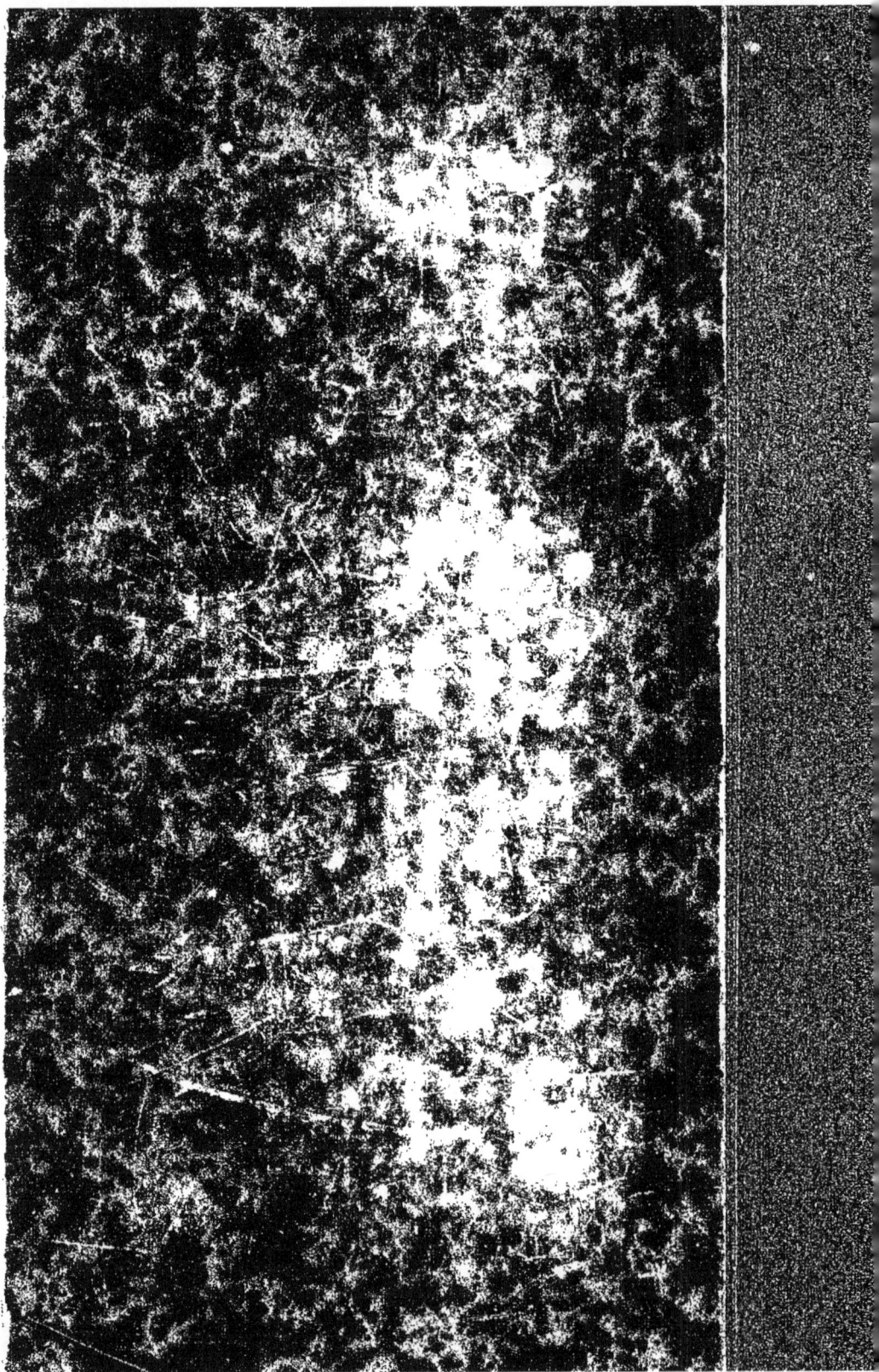

www.ingramcontent.com/pod-product-compliance
Lightning Source LLC
Chambersburg PA
CBHW072058080426
42733CB00010B/2156